KÄTHI KOENIG

Der **Adventsbesen** und andere Weihnachtsgeschichten

T V Z

KÄTHI KOENIG

Der Adventsbesen
und andere
Weihnachtsgeschichten

Mit Illustrationen von Christine Seiterle

TVZ

Theologischer Verlag Zürich

Der Theologische Verlag Zürich wird vom Bundesamt für Kultur mit einem Strukturbeitrag für die Jahre 2016–2018 unterstützt.

Bibliografische Information der Deutschen Nationalbibliothek
Die Deutsche Nationalbibliothek verzeichnet diese Publikation in der Deutschen Nationalbibliografie; detaillierte bibliografische Daten sind im Internet über http://dnb.dnb.de abrufbar.

Umschlaggestaltung: Mario Moths, unter Verwendung einer Illustration von Christine Seiterle

Satz und Layout: Mario Moths, Marl
Druck: Rosch Buch, Scheßlitz
ISBN 978-3-290-17902-1

© 2017 Theologischer Verlag Zürich
www.tvz-verlag.ch

INHALT

VORWORT

Ein Titel für dieses Büchlein? Ich musste nicht lange überlegen: «Cortisongeschichten»! Aber das kam natürlich nicht infrage – es geht ja um Weihnachtliches und nicht um eine populärmedizinische Broschüre.

Dennoch: Lassen Sie mich zu Beginn meine «Cortisongeschichte» erzählen: Vor vielen Monaten wurde ich vom Theologischen Verlag Zürich angefragt, ob ich vielleicht Lust hätte, Weihnachtsgeschichten zu verfassen. «Wie bitte? Weihnachtsgeschichten schreiben? Das kann ich nicht! Aber vielen Dank für das Vertrauen.» Wir redeten dann doch noch hin und her über mögliche Formen von Weihnachtstexten, und ich versprach, es mir nochmals zu überlegen …

Dann, Wochen später, eine ganz andere Situation: Ich lag im Spital, vollgepumpt mit allen möglichen Medikamenten. Auch mit Cortison. Dieses Wundermittel mit seinen unheimlichen Kräften und Wirkungen: Allmachtsgefühle, seelische Überempfindlichkeit, Halluzinationen, Schwarzsehen, Rückkehr von längst Vergessenem … Und Schlaflosigkeit. Ich schlief gegen Mitternacht ein, aber spätestens um drei Uhr war ich wieder wach. Die Gedanken kreisten. Sorgen, Ängste, Schuldgefühle –

wer nicht schlafen kann, kennt das. Auch die Gegenmittel: Lieder und Gedichte aufsagen, Bibelsprüche meditieren, Genealogien rekonstruieren, ehemalige Wohnungen aufsuchen, Eisenbahnstationen aufzählen …

… Geschichten erfinden. Da war sie wieder, diese Idee. Noch immer war ich voll und ganz überzeugt, dass ich das nicht könne. Aber, so zeigte es sich, mit dem Cortisonschub waren die Voraussetzungen doch ein bisschen besser geworden. Der Erinnerungsraum war erweitert – gross, bunt, bewegt. Die Nacht lang und schwarz. Ein Ereignis aus der Kindheit leuchtete auf, in keiner Beziehung zu Weihnachten, aber ich könnte es entsprechend formen und neu erfinden. Im Kopf fügten sich Sätze zusammen. Und irgendeinmal war ich eingeschlafen. So ging es, eine Nacht um die andere. An den paar Sätzen, die sich am Morgen beim Erinnern wieder einstellten, stellte ich fest, dass die schlaflose Zeit doch nicht so katastrophal lang gewesen sein konnte, wie ich es beklagte. Nacht um Nacht, Satz um Satz – und ich kam sogar an ein Ende.

Inzwischen war mir auch schon ein Motiv für eine weitere Geschichte eingefallen. Ich konnte also nachts einen Faden weiterspinnen und am Tag die erste Geschichte in das Heft schreiben, das ich mir hatte bringen lassen. Wenn es mir allzu peinlich war, mich bei dieser Tätigkeit zu beobachten, tröstete ich mich: Es würde mein Geheimnis bleiben. Niemand müsste davon wissen. Alles blosse und höchst private Therapie, Zeitvertreib – und erst noch ein Vergnügen, durchaus!

Das Gleiche sagte ich mir, als ich, endlich wieder daheim, die Bleistiftentwürfe in den Computer tippte. Es waren inzwischen einige weitere Geschichten dazugekommen, aber noch immer zweifelte ich, ob sie etwas taugten. Sicher würde sich das viel leichter beurteilen lassen, wenn die Sätze in druckfähigen Buchstabenfolgen auf dem Bildschirm zu lesen wären.

Eines Tages meldete sich Lisa Briner, die Leiterin des TVZ, und ich gestand ihr, dass ich es nun doch probiert hätte und dass, vielleicht, etwas daraus geworden sein könnte. Ja, durchaus, war ihr Urteil. Nur: Es seien natürlich noch viel zu wenig Geschichten …

Dass noch einige andere dazugekommen sind, dass dieses Büchlein mit den Illustrationen von Christine Seiterle entstanden ist, verwundert mich immer noch. Wie gut, sage ich mir, dass ich meine Allmachtsphantasien am Personal der Geschichten ausleben und so meine reale Umwelt verschonen konnte. Und wie erfreulich, dass die Ideen auch bei stark reduzierter Cortisondosis nicht versiegt sind. Ich habe mich in langen Nächten und an anstrengenden Tagen mit meinen fiktiven Weihnachtsleuten gut unterhalten, und das, liebe Leserinnen und Leser, wünsche ich auch Ihnen!

Käthi Koenig, Juni 2017

DER ADVENTSBASTLER

«Arthur, Arthur!»
Der alte Mann beugte sich weit über die Brüstung seines Balkons hinaus und streckte die Hand aus. Aber die beiden Buben hatten zu kurze Arme, sie konnten ihren Freund nicht erreichen. «Wartet», sagte er; er verschwand im Zimmer und erschien wenig später wieder mit einer Tasche. «Da!» – Und schon kamen zwei Mandarinen geflogen. Dann lehnte er sich von neuem über das Balkongeländer und rief ganz aufgeregt: «Wie schön, dass ich euch endlich wieder einmal sehe!»

Während der Sommermonate hatten sie sich immer mit grossem Hallo begrüsst, wenn Simon und Toni an der Haltestelle unter dem Balkon auf ihren Bus warteten. Aber jetzt, in der beginnenden Winterzeit, fand es Arthur meist zu kalt und zu dunkel, um länger auf dem Balkon zu verweilen.

Seitdem die Strasse verlegt worden war, reichte der Balkon von Arthur Schäfers Wohnung fast bis zum Trottoir. Und gerade dieser an sich lärmige Logenplatz für das tägliche Verkehrsschauspiel machte dem pensionierten Feinmechaniker seine Wohnung in der Alterssiedlung so lieb. Er war gut bekannt mit vielen der Passanten, vor allem mit jenen, die hier an der Busstation unter seinem Balkon warteten. Und diese erfreulichen und unterhaltsamen Begegnungen hatte er nun in den letzten feuchten und kalten Tagen entbehren müssen. Die Funkstille hatte ihn fast depressiv gemacht.

An diesem Morgen in der letzten Novemberwoche hatte er nun zwei dicke Pullover über den Pyjama gezogen, dann den roten Morgenmantel darüber, dazu eine rote Zipfelmütze – und so hatte er auf die Schulkinder gewartet, die jeweils den 31er-Bus nahmen. Sie hatten ihn sofort erkannt – als ihren Freund Arthur, aber auch als nicht ganz regelkonform verkleideten Samichlaus. «Arthur, Niggi-Näggi, Arthur, Niggi-Näggi», riefen Simon und Toni vergnügt, und die kleinen Mädchen, die ebenfalls an der Haltestelle eingetrudelt waren, stimmten entzückt mit ein und hüpften aufgeregt dazu. Aber da kam schon der Bus. Und eine Minute später schälte sich Arthur in seinem Wohnzimmer traurig aus seinen verschiedenen Hüllen.

Von wegen Wohnzimmer – Werkstatt wäre wohl die zutreffendere Bezeichnung gewesen. Oder etwas nobler: Atelier. Arthur hatte früher eine kleine Bude für Feinmechanik geführt. Alles hatte man ihm zum Reparieren bringen können – zu den Zeiten, als man noch reparierte. Als ihm dann aber die Werkstatt gekündigt worden war, musste er in diese kleine Alterswohnung ziehen, mehr konnte er sich mit seiner Rente nicht leisten. Einen grossen Teil seiner gehorteten Ersatzteile und sein Werkzeug hatte er mitgenommen, die Werkbank sowieso; sie war auch sein Ess- und Stubentisch. Und so lebte er nun schon seit Jahren, und meist ganz vergnügt, mit all seinen Schräubchen, Gewinden, Federchen und Kugellagern, die er in perfekter Ordnung hielt. Aber eben, die Winterzeit setzte ihm zu.

Wie lange geht es noch, bis es zur Buszeit wieder heller ist?, fragte er sich, als er an der Werkbank seinen Morgenkaffee trank. Noch lange, noch sehr lange, wurde ihm bewusst. Am nächsten Sonntag begann ja erst der Advent.

Advent ... Erinnerungen wurden wach. In seinem Elternhaus hatte man an Weihnachten Socken erhalten und, wenn es unbedingt sein musste, ein Paar Schuhe. Aber die Mutter hatte im Advent einen Tannenkranz geflochten, und für jeden der kommenden Sonntage eine Kerze darauf befestigt. Diese Momente am Abend, die ganze Woche durch – mit einer brennenden Kerze, dann mit zweien, dann drei, dann vier, immer heller war es in der Stube geworden – das war das einzig Ausserordentliche an dieser Zeit gewesen, die jetzt in den Läden, den Strassen und offensichtlich auch in den Familien mit so viel Pomp und Glanz und Überfluss zelebriert wurde. Kürzlich hatte Arthur einen Bogen bunt bedrucktes Papier genauer angeschaut, ein Werbegeschenk, das einem Gratisanzeiger beigelegt worden war. Es waren Türchen mit Nummern drauf eingestanzt, und eine seiner Nachbarinnen im Alterszentrum hatte ihm erklärt, das sei ein Adventskalender. Jeden Tag dürfe man ein Türlein öffnen und finde dahinter eine Überraschung. Arthur hatte es gleich ausprobiert, da waren alles unnütze Sachen zum Vorschein gekommen: eine Ananas, eine Parfümflasche, eine Seidenkrawatte, ein Teddybär ... Er brauchte nichts von dem, und er hätte es sich ja auch gar nicht leisten können.

«Adventskalender», murmelte Arthur. «So etwas könnte ich ja selbst machen – aber besser als das. Ja, genau, draussen auf dem Balkon, jeden Tag eine Überraschung für die Kinder von der Bushaltestelle!»

Arthur stand auf und begann Runden um seine Werkbank zu drehen. Dabei betrachtete er konzentriert die Gestelle an den Wänden, die seine Schätze bargen: hier die Rädchen, dort die Lämpchen und die dazugehörenden Kabel, Golddraht, silbern glänzende Schraubenmuttern, Glasfläschchen und Flaschendeckel.

Wenn schon fange ich aber wie die Mutter mit dem ersten Advent an, sagte er sich. Heute haben wir den 22. November, ich habe also fünf Tage Zeit. Oder sechs – den Sonntag kann ich weglassen, da sind sie ja nicht an der Haltestelle.

Montag, 28. November

«Arthur, Arthur», riefen Simon und Toni. «Was hast du denn da gemacht?» Sofort erschien Arthur auf dem Balkon, eingepackt in Morgenmantel und Zipfelmütze. «Ja, seht ihr denn nicht, was das ist?»

«Ein Weihnachtsbaum? Aber es sind ja nur Drähte und ein Gitter ... »

«Immerhin», lachte Arthur, «ihr habt doch gemerkt, was es sein soll. Wartet nur, wie es weitergeht!»

Aber zu warten gab es nichts mehr, der Bus kam, alle stiegen ein, Simon und Toni winkten noch aus dem Fenster. Arthur war wieder allein. Macht nichts, er hatte zu tun. Für morgen. Und für übermorgen konnte er sich auch schon etwas einfallen lassen.

Montag, 5. Dezember

Nein, die Buben hatten keinen Grund mehr, sich abschätzig über das Weihnachtsbaumgestell auf Arthurs Balkon zu äussern. Im Gegenteil. Sie waren jeden Morgen aufgeregt, wenn sie an der Haltestelle ankamen. Alle, die vorbeigingen oder warteten – auch die kleinen Mädchen, auch die Erwachsenen –, waren immer gespannt, was denn nun wieder Neues am baumförmigen Drahtgestell montiert worden war. Zuerst waren es ein paar Lichtlein, dann kam Glitzerzeug dazu, dann goldene Flaschenkronen, dünne Kupferstreifen, Chromstahlschräubchen. Arthur hatte alles auf Hochglanz poliert und an die Äste aus Maschendraht gehängt. Auch ein Velokatzenauge schwebte da und reflektierte die Autoscheinwerfer.

Jetzt, in der neuen Woche, sollte die adventliche Ausstattung neue Dimensionen annehmen, hatte sich Arthur vorgenommen. Eine Lichterkette umwand nun den Baum. Am Dienstag würde er als Samichlaus auftreten und Nüsse und Mandarinen hinunterwerfen. Vom Mittwoch an würden die Lämpchen blinken, und am Donnerstag würde ein leuchtender Baumspitz dazukommen. Arthur hatte eine kleine Flasche aus Kristallglas dafür geopfert und in ihrem Innern ein Glühbirnchen montiert. An einem weiteren Tag würde er auf dieser Spitze eine Wunderkerze befestigen und im richtigen Moment anzünden.

Im Lauf der folgenden Woche kam der alte Mann aber in Bedrängnis. Simon und Toni hatten nämlich angekündigt, sie würden am Samstagmorgen mit den Eltern und Geschwistern herkommen, die das Wunderwerk auch sehen wollten. Sams-

tag und Sonntag hatte Arthur eigentlich als Erholungs- und weitere Vorbereitungstage eingeplant – aber er konnte die Familien doch nicht enttäuschen!

Zum Glück kam ihm Frau Misteli, die Nachbarin aus der Wohnung rechts, zu Hilfe. Sie war eine recht rabiate Seniorin, aber offensichtlich hatten die Kinder mit ihrem Jubeln auch ihr Herz gewonnen. Sie brachte Arthur einen hauchdünnen silbrigen Schleier und weisse Styroporchips, die die beiden in einer gemütlichen Stunde auf Fäden aufzogen und dann vom Balkongeländer hinunterschneien liessen. In der Nacht auf den Samstag montierte Arthur einen alten Haarföhn so geschickt, dass er den Schleier, der über den Drahtbaum drapiert war, aufbauschte und die Schneefäden behutsam bewegte. Alles gerettet!

Und die Mühe hatte sich gelohnt. Am Samstag- und Sonntagmorgen standen ganze Gruppen von Eltern und Kindern unter dem Balkon und klatschten, als sich Arthur neben dem Baum zeigte. Aber noch waren sechs weitere Tage abzudecken. Arthur arbeitete fieberhaft an einem Glockenspiel aus Schuhlöffeln, Glas- und Kupferplättchen. Er hatte inzwischen auch genügend von den Spritzen gesammelt, die er für seine tägliche Insulininjektion brauchte. Die durchsichtigen Plastikröhrchen, mit gefärbtem Wasser gefüllt, nahmen sich sehr speziell aus, wie sie am Drahtbaum so leicht schaukelten. Bei seinen Raritäten hatte er auch ein altes Kinderspielzeug gefunden. Wenn man dieses Bällchen zusammendrückte, ertönte Eselsgeschrei – gerade recht für den Stall von Betlehem. Für Arthur war es ein Leichtes, damit einen iah-Automaten zu konstruieren.

Aber auch andere akustische Reize hatte sich Arthur einfallen lassen. Einmal liess er eine Kassette laufen: Ein Kinderchor sang «Tochter Zion», und das «O du fröhliche» hatte er für Heiligabend eingeplant.

Arthur war tagsüber voll und ganz beschäftigt mit seinen Konstruktionen. Nachts konnte er kaum schlafen, ständig purzelten neue Einfälle durch sein Hirn, für die er sich Ausführungsmöglichkeiten überlegen musste. Aber er war glücklich wie schon lange nicht mehr. Und glücklich war auch die Kundschaft des 7.30-Uhr-Busses.

Mit dem grossen Clou allerdings wäre es fast schief herausgekommen. Arthur hatte sich an eine Schachtel erinnert, in der er ein elektrisches Spruchleuchtband aufbewahrt hatte. Es war bei einer Renovation am Bahnhofplatz entfernt und in eine Mulde geworfen worden. Dort hatte Arthur es erspäht und selbstverständlich mitlaufen lassen. Jetzt war es ihm tatsächlich gelungen, das Ding zu reparieren und zu programmieren. Und so lief an einem weiteren Morgen eine Leuchtschrift über den Balkon: «Komm zu Maria!» Für «und zum Kind» hatte es leider nicht mehr gereicht. Ein folgenschwerer Mangel, wie sich herausstellte, denn im Lauf des Morgens meldete sich ein Polizist bei Arthur: Ob das stimme, dass hier ein Etablissement eröffnet worden sei? Das brauche dann, wohlverstanden, eine Bewilligung. Etablissement? Arthur wusste nicht, was das sein sollte. «Ein Puff», erklärte der Polizist, eine Dame, die auf der andern Strassenseite wohne, habe das so gemeldet. Der Polizist konnte sich fast nicht erholen vor Lachen, als er aufgeklärt wurde, aber er riet dann: «Schreiben Sie besser ‹Kommt zum Kind!› Aber ja nicht ‹Kommt, ihr Kinder›, sonst vermutet Ihre Nachbarin wieder etwas Unzüchtiges!»

Als die Weihnachtstage kamen, war Arthurs Adventskalender stadtbekannt geworden. Bald würde man Extrabusse führen müssen, schmunzelte der Chauffeur des 31ers. Arthur passte es gar nicht, dass er nun von allen Seiten mit leuchtenden Engelchen, Kläusen und Rehlein eingedeckt wurde, mit diesem «Schund», wie er die anderen Balkone und Fenster «schmückte». Langsam hatte er genug von der ganzen Aktion.

Und so geschah es, dass der Lokalreporter, der am 23. Dezember rechtzeitig für den 7.30-Uhr-Bus zur Haltestelle kam, ziemlich verwirrt dastand. Keine Kinder – die hatten heute ihre Schulweihnacht. Kein Balkon mit Leuchtinstallationen ringsum. Nur die paar Elche und Weihnachtsmänner auf den anderen Balkonen in der Strasse. Kein Musikstück, kein Glockengeläut, kein Geglitzer und Geklirr. Und die üblichen Buspassagiere wussten von nichts, gar nichts. Denn der Weihnachtsmann hatte ihnen am Tag zuvor von seinem Balkon aus verkündet: «Morgen stelle ich ab. Diese Weihnacht war für euch und für mich. Nicht für die Zeitung! Verratet mich nicht!»

FELIS STIMME

Blanche knallte den Hörer auf den Apparat und atmete tief durch. Sie war eine freundliche Frau, sorgsam gegenüber Menschen und Dingen. Und nun hatte sie sich so gehen lassen, hatte sich so übel benommen, so unhöflich, so grob. Was konnte ihr alter Telefonapparat dafür, dass ihr die Nerven durchgegangen waren? «So etwas macht man nicht», sagte sie laut in die Stille – allerdings längst nicht so laut, wie sie vorher gesprochen hatte. Aber so etwas macht man auch nicht, empörte sie sich innerlich von neuem: einfach wildfremde Nummern einstellen und unschuldige Leute mit frechen Angeboten belästigen!

Es war die vierte Stimme an diesem Tag gewesen, die über Blanche hergefallen war, in einem langen Wortschwall ohne eine einzige Pause. Und auch diesmal: eine neue, bessere, günstigere Krankenkasse, das war das Angebot. Da hatte Blanche den Herrn am andern Ende böse angeschnauzt: «Lassen Sie mich in Ruhe, ich brauche nichts, gar nichts. Sind Sie eigentlich schwer von Begriff? Ich will nichts mehr von Ihnen hören, Sie Frechling, fertig, verstanden?!»

Jetzt öffnete sie das Fenster und liess die kalte, feuchte Dezemberluft einströmen. Drunten in der Strasse zeichnete sich in der Dämmerung die Weihnachtsbeleuchtung ab. Blanche freute sich jeden Abend, wenn die Lichter immer deutlicher hervortraten, aber jetzt war sie deprimiert. Wir haben Advent, und ich werde zornig, so unangemessen zornig, dachte sie. Warum beschimpfe ich Menschen, die mit einer so unangenehmen Beschäftigung ihren Lebensunterhalt verdienen müssen? Warum kann ich ihnen nicht freundlich und klar sagen, dass ich kein Interesse an ihrem Angebot habe? Was ist mit mir los, dass ich mich wegen einer Lappalie zu solchen Ausbrüchen hinreissen lasse?

Sie schloss das Fenster und ging zur Sitzecke. Nicht einmal eine Kerze habe ich besorgt, ein Licht anzünden, das würde jetzt guttun ... Es war immer Feli gewesen, die die Kerzen oder einen Adventskranz gebracht hatte, Feli, ihre Freundin, die ihr jetzt so sehr fehlte. Auch das Telefon hatte seine freundliche Bedeutung verloren. Wie war das doch gemütlich gewesen, damals, die langen Abende im bequemen Fauteuil und Felis Stimme im Ohr. Wie war doch alles so anders geworden.

Als Blanche am nächsten Morgen vom Einkaufen zurückkam, läutete das Telefon. Soll ich überhaupt abnehmen?, fragte sie sich, dann fängt der ganze Ärger nur wieder von vorne an. Dennoch griff sie zum Hörer und meldete sich. Natürlich, ein Werbeanruf, sie hörte es am Stimmengewirr im Hintergrund. Aber da wurde es Blanche kalt und heiss. Nicht aus Ärger diesmal. Aus Schrecken? Aus Freude? Diese Stimme! Diese Stimme, die sie im Hörer vernahm – sie hatte sie so lange nicht mehr gehört. Und sie wusste ja auch, dass sie sie nie mehr hören würde. Blanche lauschte atemlos. Sie vermochte dem Sinn der Sätze, die sie da hörte, nicht zu folgen. Nur weiter, nur weiter, dachte sie, bitte nur immer weiter ... Feli, liebe Feli ... «Sie sind doch Frau Guitoz, nicht wahr?», fragte die Stimme. «Hören Sie mich?»

«Ja», antwortete Blanche, «und wer sind Sie? Ich habe nichts verstanden.» Sie wollte unbedingt, dass die Frau am Apparat weiterredete. Die Stimme zögerte einen Moment. «Ich heisse Heidi Matter und ich möchte Ihnen, wie ich es schon erklärt habe, unsere Zeitschriften vorstellen. Ein Abonnement würde sich für Sie sicher lohnen.» «Ja, das kann ich mir gut vorstellen», sagte Blanche, «erzählen Sie mir mehr darüber!» Das tat Frau Matter. Blanche hörte zu, stellte Fragen, viele Fragen, nur um das Gespräch zu verlängern. Dann endlich sagte sie: «Ich muss es mir überlegen. Rufen Sie bitte morgen wieder an. Aber Sie, Frau Matter, nicht eine andere Verkäuferin, versprochen?» «Natürlich», sagte die Stimme, «ich melde mich wieder. Einen guten Tag und auf Wiederhören!»

Heidi Matter unterbrach mit einem Klick die Verbindung und starrte gedankenverloren auf den Bildschirm. «Blanche Guitoz» stand auf der eben bearbeiteten Adresse. Heidi hatte nun die nötigen Bemerkungen dazu einzutragen, und dann war der nächste Kontakt dran. Aber sie kam mit ihren Gedanken nicht los von dieser Frau, von ihrer Stimme, aus der sie noch ganz anderes herausgehört hatte, als sie es sich von ihren Arbeitsgesprächen her gewohnt war. Diese Frau hatte mit einer unterdrückten Überraschung und einer seltsamen freudigen Erregung auf Heidis standardmässige Fragen und Informationen reagiert. Und sie hatte so offensichtlich darauf beharrt, dass sie, Heidi in Person und keine andere Anruferin, sich morgen wieder melden solle.

Was hatte das zu bedeuten? Heidi war sich einiges gewohnt – Grobheiten, Dummheit, Eitelkeit, Umständlichkeit – nichts davon galt für diese Frau Guitoz. Sei es, wie es sei, dachte sie, jedenfalls ist ein Vertragsabschluss möglich, das brauche ich dringend. Und das Gespräch mit dieser freundlichen Frau würde bestimmt so oder so angenehm verlaufen.

Heidi musterte die Telefonanlage vor ihr. Sie war, was die Technik anging, lange nicht so gut ausgerüstet wie jene Computerpulte in den anderen Callcenters, in denen sie sich beworben hatte. Erfolglos beworben – man hatte immer sehr schnell entschieden, sie sei zu alt und darum auch zu langsam und zu altmodisch für die Herausforderungen, die sich in diesen grossen Telemarketingabteilungen stellten. Aber nun hatte Heidi endlich doch noch einen Job gefunden. Zwar war sie hier, in diesem Verlagshaus, schlechter bezahlt, aber sie musste froh sein, mit ihren fast 60 Jahren noch eine Stelle erhalten zu haben, und eigentlich gefiel es ihr hier gut. Hier wurde nicht der aggressive Stil gepflegt, mit dem die Krankenkassen am Telefon warben und abwarben. Zeitschriften vorzustellen, das war wenigstens ein einigermassen anständiges Geschäft, und die Leute, die sie am Telefon ansprach, hatten durchaus Interesse für ihre Angebote. «Heftli lesen» – das weckte in vielen Erinnerungen, und sie begannen dann ausführlich zu erzählen, von ihrer Kindheit, von ihrem jetzigen Leben ... Heidi mochte das, darum musste sie aufpassen und sich möglichst schnell einen Übergang des Gesprächs zu einem einigermassen verheissungsvollen Abschluss einfallen lassen – sie war ja schliesslich nicht die Telefonseelsorge, das hatte der Werbechef dem Callteam deutlich zu verstehen gegeben.

Aber nun Frau Guitoz – was steckte da dahinter? Auch sie war offensichtlich einsam – wie viele, mit denen Heidi gesprochen hatte. Wie sie selber ja auch, das musste sie zugeben. Gerade darum verstand sie das Mitteilungsbedürfnis ihrer Gegenüber am Telefon ja so gut. Auch sie sehnte sich nach einem Menschen, dem sie anvertrauen könnte, was sie beglückte, belastete und belästigte. Heidi nahm sich vor, das Gespräch am nächsten Tag gut vorbereitet und überlegt anzugehen. Sie wollte innerhalb der zur Verfügung stehenden Zeit möglichst viel über die Frau erfahren, aus Interesse an ihr als Person, nicht wegen eines Geschäftsabschlusses.

Durch die Kopfhörer drang das Stimmengewirr im Marketingraum in Heidis Ohren. Sie griff zur Computermaus und klickte auf die nächste Adresse.

Blanche zwang sich am nächsten Tag zur Vernunft. Wenn ihr vorgestern schon die Nerven durchgegangen waren, sollte ihr das heute nicht auch noch mit ihren Emotionen passieren. Sie würde also wie gewohnt zum Einkaufen gehen, egal, wenn unterdessen die Zeitschriftenverkäuferin anrufen würde. Sie würde es garantiert wieder versuchen, da hatte sie nichts zu befürchten. Dennoch – als sie ihre vollen Taschen in der Küche deponierte, meldete ihr keuchender Atem, dass sie sich mehr als sonst beeilt hatte.

Es war zehn Uhr. Und schon läutete das Telefon. Blanche meldete sich. Stimmengewirr im Hintergrund, dann eine entschlossene Männerstimme, die sich um keinen Preis aufhalten lassen wollte. Blanche legte sorgfältig den Hörer auf und schluckte leer. Sie hatte in ihrer Vorfreude gar nicht daran gedacht, dass mit jener so vertrauten Stimme die anderen, die ärgerlichen Anrufe nicht gestoppt worden waren. Immerhin – sie hatte jetzt zwar unhöflich, aber doch nicht grob reagiert.

Kurz vor zwölf Uhr kam ein weiterer Anruf. Blanche war es peinlich, dass sich ein flaues Gefühl in ihrem Magen meldete: wie vor einem Rendez-vous, das ist doch läppisch! Sie räusperte sich und nahm ab.

Da war sie wieder, diese Stimme – Felis Stimme. Was sollte sie jetzt tun? Fast kam es ihr vor, als ob die Frau am andern Ende auch nicht so genau wusste, was sie sagen sollte. Das machte es für Blanche nicht leichter, sich cool auf das Geschäftliche zu konzentrieren, wie sie es sich vorgenommen hatte. Aber wiederum wurde sie in den Zauber eingehüllt, sie stellte noch eine Frage und noch eine und es gelang ihr, einen weiteren Anruf einzufädeln: Blanche sollte ein paar Probenummern von zwei verschiedenen Zeitschriften zugeschickt erhalten, und in der kommenden Woche würde sich die Verkäuferin dann wieder melden.

Als Blanche aufgehängt hatte, bereute sie diese Abmachung sofort. Eine Woche – so lange würde sie nun warten müssen! Warum hatte sie der Frau am Telefon nicht einfach erklärt, was ihr ihre Stimme bedeutete? Oder doch lieber nicht? Wäre es zu peinlich gewesen – für beide? Vielleicht war diese Frist ja ganz gut. Blanche würde wieder normal werden, diesen Gefühlssturm weit weg verbannen und wieder den gewohnten Alltag abspulen können. Sie war doch eindeutig zu alt für solch emotionale Eskapaden.

Und so verlief der Rest des Tages ganz im gewünschten Sinn. Unspektakulär. Auch das Telefon verschonte sie vor neuem Ärger. Aber am Abend klingelte es an der Haustüre. Blanche stellte die Gegensprechanlage ein: «Ja, bitte, wer ist da?» Und schon war ihr so mühsam zurückgewonnener Gleichmut verflogen. «Ich bin Heidi Matter vom Zeitschriftenmarketing», sagte die Stimme im Lautsprecher. «Zufälligerweise wohne ich im Nachbardorf und arbeite hier in der Stadt. Da dachte ich, ich könnte Ihnen die versprochenen Probenummern auf dem Heimweg vorbeibringen.»

«Das freut mich!», stammelte Blanche. «Kommen Sie doch bitte herauf, ich wohne im vierten Stock.»

Sie trat ins Treppenhaus und hielt sich am Geländer. Sie hörte Schritte, recht schnelle Schritte. Ob sie noch jung war, diese zweite Feli? Eine Studentin? Wohl kaum. Sie hatte am Telefon mit so viel Einfühlungsvermögen und Lebenserfahrung gesprochen. Jetzt sah Blanche eine Hand, die sich auf dem Geländer emporschob. Ein dunkler Mantelarm. Zweiter Stock. Dritter Stock. Blanche ging zurück in die Wohnung und liess die Tür offen. Es klingelte.

Die Frau, die Blanche an der Türe anlächelte, hatte nichts, wirklich nichts mit Feli gemeinsam. Feli war schlank gewesen und ihr Haar schon sehr früh weiss geworden. Frau Matter dagegen war zwar sicher auch über 50, aber etwas pummelig, und sie atmete dementsprechend ziemlich schwer, jetzt, da sie im vierten Stock angelangt war. Sie hatte ein rundes, glänzendes Gesicht und einen braunen Lockenkopf. Nein, Feli war es eindeutig nicht. Aber nett sah sie aus, vertrauenerweckend, sympathisch.

«Kommen Sie doch herein», sagte Blanche. «Nehmen Sie einen Tee?»

Als Blanche mit der dampfenden Teekanne ins Wohnzimmer zurückkam, hatte sich Heidi Matter auf dem Sofa eingerichtet und den Inhalt ihrer grossen Tasche auf den Kaffeetisch gestellt: ein Stoss Zeitschriften und daneben ein grosser Tannenzweig, dekoriert mit Goldfäden, Strohsternen und einer Bienenwachskerze.

«Haben Sie etwas dagegen, wenn ich den bei Ihnen lasse?», fragte die Besucherin. «Ich habe ein paar solche Zweige für unseren Arbeitsraum mit ins Callcenter gebracht. Aber dort beachtet man das gar nicht, und heute hiess es, es sei verboten, Kerzen anzuzünden. Da habe ich nur die Tannenäste dort gelassen und die Kerzen wieder eingepackt. Und diesen Zweig zweige ich nun für Sie ab!» Heidi lächelte über ihr gelungenes Sprachspiel und rückte etwas verlegen das Gesteck zurecht.

Blanche nahm ihre schönsten Teetassen aus dem Buffet. Sie waren seit den Feli-Treffen nicht mehr gebraucht, nur noch hin und wieder sorgfältig gewaschen worden. Und nun? Sich die Vorzüge eines Zeitschriftenabos vorbeten lassen? Nicht nötig, das interessierte doch gar nicht. «Ich freue mich so, dass Sie vorbeigekommen sind, welch ein Zufall, dass wir so nah beieinander wohnen! Und ich möchte mich für mein seltsames Verhalten entschuldigen.»

«Seltsames Verhalten? Was war denn da seltsam?», fragte Heidi Matter. «Sie wissen ja gar nicht, was wir alles erleben bei unserer Arbeit. Unangenehm wird es nur, wenn uns die Leute wirklich grob beschimpfen, aber auch daran gewöhnt man sich. Und jetzt, in der Adventszeit, habe ich das Gefühl, ich tue einen Dienst, wenn ich mich in mein Gegenüber am Telefon einzufühlen versuche.»

«Bei mir ist es Ihnen voll und ganz gelungen», lächelte Blanche. «Aber das war in diesem Fall auch kein Kunststück, das können Sie nicht wissen: Es war Ihre Stimme! Als ich sie hörte, glaubte ich, es sei meine Freundin Feli. Wir hatten eine sehr enge Beziehung, vor allem eine Telefonbeziehung. Aber vor vier Jahren ist Feli gestorben. Ich vermisse sie immer noch.»

Heidi schwieg. Es war, wie wenn sie nicht mehr zu sprechen wagte. Endlich sagte Blanche: «Bitte, reden Sie nur. Es ist schön für mich. Erzählen Sie mir doch von Ihnen!»

Draussen wurde es dunkel. Blanche zündete die Kerze an, es roch nach Weihnachten.

Als Heidi aufbrach, fragte Blanche: «Könnten Sie nächste Woche nicht wieder kommen? Nicht wegen der Zeitschriften. Wegen Ihnen!»

«Ich werde die zweite Kerze mitbringen», versprach Heidi.

Und dann die dritte. Und dann die vierte. Dann schmückten sie gemeinsam einen kleinen Weihnachtsbaum.

Und als sie sich am Heiligabend nach dem gemeinsamen Feiern und dem Mitternachtsgottesdienst vor der Kirche trennten, sagte Blanche: «Weisst du was, Heidi? Jetzt ist es deine Stimme, die ich höre, vorhin beim Singen, und auch daheim, auch beim Telefonieren. Deine, nicht mehr die von Feli. Und das ist gut so.»

PLANUNGSSITZUNG

Sitzung im Kirchgemeindehaus Schliff, Neudorf
Anwesend: Lisa Bertschi, Kirchgemeindepräsidentin
Fitz Blunschli, Jugendarbeiter
Vera Cramm, Sozialdiakonin
Samuel Tobler, Pfarrer

Lisa Bertschi: Danke, dass ihr alle gekommen seid. Ich habe ja bereits erwähnt, was mein Anliegen ist: das Weihnachtsprogramm für dieses Jahr. Gewiss, es ist noch sehr früh, aber ich möchte, dass diesmal nicht alles in den wohlbekannten alten Bahnen abläuft, und darum wollen wir rechtzeitig anfangen, uns dazu Gedanken zu machen. Neue Ideen sind heute also gefragt! Überraschende, sogar umwälzende Ideen!

Samuel Tobler: Nun, ich bin jetzt da – aber ich frage mich doch, ob wir alle nicht dringendere Aufgaben hätten, jetzt, so kurz vor den Ferien. Und ich möchte vor allem anbringen, dass wir mit den bisherigen Angeboten immer gute Erfahrungen gemacht haben. Gerade an Weihnachten schätzen die Leute die vertrauten Traditionen. Besinnung, Musik, festliche Stimmung, eine schöne Geschichte, das ist nach wie vor gefragt. Das zeigt ja die immer gut gefüllte Kirche!

Fitz Blunschli: Aber wie viele von den Anwesenden sind wirklich aus freien Stücken in der Kirche und nicht bloss wegen des Familienschlauchs?

Samuel Tobler: Die Jungen vielleicht schon. Aber in zwanzig Jahren, wenn sie selbst Familie haben, werden sie genau ein solches Angebot schätzen: die liebe, vertraute Familienfeier in der Kirche!

Fitz Blunschli: Wir werden ja sehen – ich wenigstens. Wenn ich dann noch Lust habe, in die Kirche zu gehen. Und wenn es überhaupt noch geheizte Kirchen gibt.

Lisa Bertschi: Ich bitte euch, kommt zu unserem einzigen Traktandum zurück: die Feier in diesem Jahr, und nicht die in zwanzig Jahren! Vielleicht könntest du, Fitz, ja etwas auf die Beine stellen, was die Jugendlichen freiwillig kommen lässt?

Fitz Blunschli: Denkst du etwa an Guetzlibacken für Grossmama?

Lisa Bertschi: Dir fällt noch etwas Besseres ein, da bin ich sicher!

Vera Cramm: Ich habe mir schon einige Gedanken gemacht, aber es geht dabei nicht speziell um die Jugendlichen.

Lisa Bertschi: Bitte, schiess los!

Vera Cramm: Ich erfahre immer wieder, wie schwierig, wie bedrohlich auch die Weihnachtstage für viele Menschen sind.

Samuel Tobler: Das ist ja nun wahrhaftig nichts Neues!

Lisa Bertschi: Bitte, Samuel, lass Vera weiterreden …

Vera Cramm: Danke, Lisa. Ich habe bei meinen Überlegungen vor allem an ein bestimmtes und sehr verschiedenartiges Publikum gedacht: die Alleinstehenden, diejenigen ohne Familie und nahe Freunde.

Samuel Tobler: Für die ist ja bereits unser Christnachtessen bestimmt. Die Bedürfnisse dieser Gruppe sind abgedeckt.

Vera Cramm: Aber nicht alle von ihnen wollen sich auf diese Weise als offensichtlich Bedürftige abspeisen lassen. Sie empfinden es, dass allüberall von frohen Festtagen geschwafelt wird. Sie haben das Gefühl, sie müssten sich bei solchen Anlässen fröhlich, stark, energievoll, dankbar zeigen, tapfer, gläubig und fromm. Aber es ist ihnen ganz anders zumute. Sie fühlen sich einsam und himmeltraurig. Ja, für sie ist es eine Nacht der Trauer! Und es gibt auch jene, die wissen, dass ein Familienglied wahrscheinlich zum letzten Mal Weihnachten erlebt – oder sie selber …

Fitz Blunschli: Und jene, die einen Jungen im Knast haben. Oder im Entzug.

Lisa Bertschi: Oder ein Kind verloren …

Vera Cramm: Genau das meine ich!

Lisa Bertschi: Und wie werden wir am «Fest der Freude» solchen Schicksalen gerecht?

Fitz Blunschli: Vera hat von einer «Nacht der Trauer» geredet. Vielleicht könnten wir an dieser Idee weiterspinnen?

Lisa Bertschi: Gut! Wir sammeln jetzt einmal Ideen, Bilder, Szenerien, die dazu passen könnten. Alles ist möglich!

Vera Cramm (nach einer langen Pause flüsternd): Die Kirche – dunkel, still ...

Fitz Blunschli: Aber die grosse Glocke dröhnt, ganz tief und traurig.

Samuel Tobler: Dann aus der Dunkelheit eine Stimme: ein prophetischer Text.

Lisa Bertschi: Oder ein Gedicht ...

Fitz Blunschli: Oder ein Zeitungsartikel. Oder eine Statistik der in Syrien Umgekommenen.

Vera Cramm: Ja, aber Achtung. Ich finde, wir sollten bei dieser Gelegenheit nun einmal die Schmerzen und Ängste der Anwesenden zur Sprache bringen, auch wenn sie natürlich wenig bedeuten im Vergleich mit den wirklichen Katastrophen. Aber auch das sind Katastrophen!

Samuel Tobler: Also eine Lesung ...

Fitz Blunschli: Aber das sollte nicht zu lange dauern.

Vera Cramm: Alle stehen im dunklen Kirchenschiff. Nun werden an verschiedenen Orten Stimmen laut: Eine Frau erzählt von ihrer Krebsdiagnose. Einer von seinen Erlebnissen als Verdingkind. Eine Mutter vom Tod ihres Kindes. Aber immer nur zwei Sätze.

Samuel Tobler: Aber das ist ja nicht zum Aushalten!

Vera Cramm: Ja, aber die Betroffenen müssen es aushalten. Wir planen jetzt für sie und nicht für die gesunden Sensibelchen.

Lisa Bertschi: Mit jeder Stimme geht ein Licht an. Es zeigen sich in Kreisen angeordnete Stühle: eine Gruppe für Kranke. Eine für Trauernde. Man muss sich überlegen, was alles …

Fitz Blunschli: Generationenstreit. Gewalt – und warum nicht auch religionsgemischte Familien?

Samuel Tobler: Es muss uns aber bewusst sein, dass man sich nicht gerne outet mit irgendeiner Schwäche: Ich habe Streit mit meinen Jungen – das gibt niemand einfach so öffentlich zu!

Vera Cramm: Da hast du recht. Aber über Krankheit und Verlust reden die Leute durchaus. Da muss man eher aufpassen, dass nicht einige das ganze Gespräch an sich reissen.

Lisa Bertschi: Seid ihr einverstanden, dass wir mit dieser Idee weiterfahren? Oder ist sie zu verwegen?

Samuel Tobler: Wir können ja einmal sehen, wohin wir damit kommen.

Vera Cramm: Also: Die Leute, die gekommen sind – vielleicht müsste man manche persönlich einladen? –, die teilen sich selbst einer Gruppe zu.

Fitz Blunschli: Und die Glücklichen? Dürfen die gar nicht kommen?

Vera Cramm: Die erhalten eine Spezialaufgabe, aber eine nicht allzu attraktive.

Fitz Blunschli: Wie wäre es mit Füsse waschen?

Vera Cramm: Gute Idee! Oder eine Salbung. Oder in der Sakristei ein Lied einüben …

Lisa Bertschi: Die Ideen purzeln ja nur so heraus!

Samuel Tobler: Aber was machen wir nun mit all diesen Traurigen? Lassen wir sie einfach zusammen in ihrem Elend schmoren?

Fitz Blunschli: Bis sie genug haben und heimgehen und sich besaufen! Wir könnten ja im Anschluss auch noch eine Bierecke einrichten!

Vera Cramm: Blödsinn, Fitz, aber es ist tatsächlich heikel. Man muss der Trauer genügend Raum geben, aber man darf nicht dabei bleiben.

Samuel Tobler: Ich stelle mir vor, dass in den Gruppen davon gesprochen wird.

Vera Cramm: Man könnte es so regeln: Es gibt also unterschiedliche Versammlungsorte, zum Beispiel Gewalt, Verlust, Krankheit, Streit … In der Gruppe beginnt man mit einem Augenblick der Stille. Alle überlegen sich, mit welchem Wort, mit welchem Satz, mit welchem Bild drücke ich meine Ängste, meine Trauer aus? Dieses Wort wird in die Runde gestellt – vielleicht geflüstert oder gerufen, gebrüllt …

Lisa Bertschi: Und wie macht man dann wieder Ordnung?

Samuel Tobler: Das wäre die Aufgabe des Gruppenanimators: vielleicht mit einer Klangschale, einem Triangel, einem Gongschlag ...

Lisa Bertschi: Und dann?

Samuel Tobler: Dann – wieder Stille – ein Problem ist, ob sich das koordinieren lässt, wahrscheinlich nicht. Und dann ein Gongschlag durch die ganze Kirche. Stille – und ein neuer Impuls: Jeder überlegt sich, ob es ein Wort, einen Satz gibt, der zu trösten vermag, der einmal geholfen hat.

Lisa Bertschi: Zum Beispiel?

Samuel Tobler: Ein Bibelwort – «Fürchte dich nicht!».

Vera Cramm: Oder ein ganz gewöhnlicher Ausruf: «Euch zeig ich's!»

Fitz Blunschli: Leckt mich doch!

Vera Cramm: Oder ein Kinderlied. Was den Leuten eben einfällt. Es müsste alles zulässig sein. Alle schreiben es auf ein Stück Papier, legen es in die Mitte – und ziehen dann ihre «Losung» als Ermutigung.

Lisa Bertschi: Lassen wir das einmal so. Wie geht es weiter?

Vera Cramm: Jetzt findet sich die Gemeinde zusammen. Sie versammelt sich im Chor.

Lisa Bertschi: Und nun wieder Musik, eines jener Stücke, bei denen die Tränen fliessen dürfen – Bach oder so.

Fitz Blunschli: Muss es Bach sein? Warum nicht ein melancholischer Country-Song?

Vera Cramm: Oder wenigstens Gospel?

Lisa Bertschi: Das ist ein Detail – macht euch bewusst, es sind bis jetzt alles Hirngespinste, wir haben noch jede Freiheit.

Vera Cramm: Die Schwierigkeit sehe ich vor allem da: Können wir die Trauer sozusagen im Griff behalten? Ihr Raum geben, ihr Respekt zollen – aber dann auch weitergehen und zwar nicht mit einem leichtfertigen «Schwamm drüber»?

Samuel Tobler: Deshalb braucht es eine Predigt.

Lisa Bertschi: Bist du sicher? Ist das nicht zu einfach und zu abgedroschen?

Fitz Blunschli: Ich könnte vielleicht mit meinen Jungen etwas beisteuern. Sie sagen lassen, was ihnen Hoffnung gibt.

Samuel Tobler: Ein Besäufnis? Eine Pille?

Fitz Blunschli: Sam, das war jetzt nicht fair. Es gibt nicht nur die Ausgeflippten und die Angepassten. Ich staune manchmal, wenn ich erlebe, wie die Jungen mit ihren Problemen umgehen – und miteinander! Musik, Freundschaft, auch Stille, das bedeutet ihnen etwas.

Vera Cramm: Das wäre eine Möglichkeit. Eine andere, dass einige die Hoffnungsworte von vorher ins Plenum rufen.

Fitz Blunschli: Und Thomas improvisiert dazu auf der Orgel! Wenn wir schon einen so genialen Organisten haben!

Vera Cramm: Und dazu ein Lichtritual. Eine Kerze wird ins Dunkel gebracht und ihr Licht weitergegeben. Der Raum wird immer heller!

Samuel Tobler: Und am Schluss wieder die dumpfe traurige tiefe Glocke – und dann stimmen die anderen Glocken ein, ein volles, feierliches Läuten – und Ende!

Fitz Blunschli: Wow – und damit hätten wir das?

Lisa Bertschi: Keine Ahnung. Wir müssen darüber nachdenken. Vera, machst du das Protokoll?

DIE KORRESPONDENZ DER
WICHTELFREUNDINNEN

Liebe Bea, Irene, Regi, Therese und Ursi

Bea, unsere Chronistin, kann sicher ganz genau sagen, wie oft wir unsere weihnächtliche Wichteltradition bis jetzt durchgeführt haben. Angesichts der Tatsache, dass wir uns vor fast 50 (!) Jahren damals im Institut kennengelernt haben, dürften es wohl fast ebenso viele Male gewesen sein, dass wir unsere Namen ausgelost und dem «Treffer» dann zu Weihnachten ein Wichtelgeschenk überreicht haben. Ich selbst bewahre alle diese Kleinigkeiten auf und schaue sie immer wieder mit einer gewissen Rührung an – der Bleistiftspitzer in Lippenstiftform von Ursi, das Kreuzchen aus Olivenholz von Therese … Wenn wir alles zusammenbringen würden, gäbe das eine stattliche Ausstellung und viel zu erzählen und zu lachen. Falls ihr eure Sächelchen auch behalten habt …

Dieses Jahr allerdings wird es keine Gelegenheit dazu geben. Zum ersten Mal ist es nicht möglich, dass wir alle zusammenkommen. Die Gründe dafür sind euch bekannt. Wenn im Frühling alle wieder im Land und die Kranken hoffentlich wieder gesund sind, werden wir das Treffen nachholen. Auf das Wichteln jedoch wollen wir nicht einfach so verzichten. Darum mache ich euch hier einen Vorschlag mit einer portogünstigen Version – bitte macht doch alle mit!

So sehe ich das Vorgehen: Jede von euch findet im kleinen Umschlag, der diesem Brief beigelegt ist, einen von unseren Namen. Ich habe sie blind ausgewählt und hoffe, es habe niemand den eigenen Namen bekommen.

Die Aufgabe: diesmal nicht wie sonst eine Kleinigkeit schenken. Aber: sich etwas wünschen. Es gibt ja das Spiel, dass man sich von anderen sozusagen Besserung wünscht – mehr Geduld, weniger Klatsch oder Eigenlob, Massnahmen gegen das, was einem auch unter Freundinnen hin und wieder auf die Nerven gehen kann und darum, so sagt man, besprochen werden sollte. Ehrlich gesagt, ich glaube nicht an solche Therapien. Denn häufig wird mir hinterher bewusst, dass ich mit meiner Kritik mehr gestört als geheilt habe, weil das Unbehagen meist mit mir, meinem eigenen Empfinden und meinen Empfindlichkeiten zusammenhängt.

Darum: Wünscht euch von der anderen das, was euch an ihr am meisten gefällt! Nicht, dass sie es euch auch geben muss – «bitte, Ursi, dein Mann gefällt mir so überaus gut» – das nicht, sie darf ihn behalten! Nicht als Anregung zur Besitzübertragung schlage ich das also vor, sondern als Freundschaftsbeweis, als Kompliment, als Impuls in der ewigen Auseinandersetzung zwischen Selbst- und Fremdeinschätzung. Versucht es doch! Ich bin gespannt auf das, was bei mir ankommt!

Mit herzlichen Grüssen
Eure Yvonne

Liebe Irène,

ich wünsche mir von dir deine Lustigkeit!

Nun wirst du sagen: «Ich bin doch gar nicht lustig. Und leider gerade darum bringe ich andere zum Lachen, das heisst: Sie lachen mich aus.»

Ja, das ist es gerade, sorry – ich finde dich lustig, weil du dich nicht lustig findest und weil du fast nichts lustig findest. Du nimmst alles sehr ernsthaft auf, glaubst jeden Unsinn, den wir erzählen, und unsere Witze müssen wir dir jedesmal ganz genau erklären, bis niemand mehr darüber lacht, und du natürlich auch nicht.

Das tönt ziemlich frech, und so hat es Yvonne mit ihrem Wunschvorschlag wohl nicht gemeint. Aber dahinter steckt meine Selbstkritik. Wenn ich etwas von deiner «Lustigkeit» annehmen würde, wäre ich vielleicht nicht mehr so vorlaut und damit auch weniger verletzend. Mit deiner Lustigkeit lacht man nicht auf Kosten anderer. Natürlich auch nicht über Lustigkeiten wie die deine. Dadurch ist das Leben wohl weniger witzig, aber vielleicht heiterer. Und irgendwie leichter. Ohne Gewissensbisse, stelle ich mir vor. Das wäre doch schön für mich!

Danke für deine Langmut und herzliche Grüsse
Ursi

Ursi, du freche Freundin!

Du und ich, wir mögen uns, weil wir beide schnell und vorlaut sind und auch in unserem zunehmenden Alter immer noch unseren Spass daran haben.

Aber was möchte ich denn von dir? Noch etwas *mehr* Sprutz? Frechheit? Widerspenstigkeit? Oder deine dicke Haut? Die finde ich gut, wenn man selbst einsacken muss, aber jene, die dünnhäutig auf deine Witze reagieren, haben dicke Haut sicher nötiger als ich. Mich musst du da nicht schonen. Aber vielleicht darf man ja auch für andere wünschen?

Und für mich, das wäre das höchste der Gefühle: dein Rezept für die Nusspusserl!

Herzlich,
deine Regi

Liebe Bea

Gib mir doch bitte etwas von deinem mathematischen Verstand! Oder sollte ich besser sagen: von deinem ordnenden Verstand? Ich gebe es zu: Manchmal finde ich es ziemlich langweilig in deiner Gesellschaft und bin froh, wenn Ursi ihre Spotttiraden loslässt. Aber noch häufiger war ich froh, dass du zu unserer Gruppe gehörst. Eine, eine wenigstens, die nicht mitmischt bei all den Gefühlsattacken, Emotionalitäten, Sentimentalitäten, Vermutungen und Verdächtigungen. Beim ganzen unsäglichen Gehack und Gehader, das, so scheint es, Lebenselixier vieler Frauen ist. Da mischt sich plötzlich deine unaufgeregte Stimme ein: «Ursi, schiesst dein Temperament jetzt nicht über? Du schadest nur dir selbst.» – «Regi, es ist schlicht und einfach nicht so, wie du es jetzt behauptest – hier findet wieder eine psychodynamische Eskalation statt, wie es in einer Gruppe von Frauen so vorkommt …»

Liebe Bea, ich möchte recht und gerecht leben, Gutes tun, in der Wahrheit sein. Grosse Worte – und dann lasse ich mich immer wieder hinreissen zu kleinlichen Urteilen und masslosem Geschwätz.

Bea, ich bin sicher, ich habe mir schon einiges von deiner Nüchternheit angeeignet, zu meinem grossen Nutzen. Aber ich kann noch viel davon brauchen, danke für alle milden Gaben!

Yvonne

———

Therese,

gib mir doch etwas von deiner Frömmigkeit! Nein, ich mache mich nicht lustig, das glaubst du immer, weil du mich für eine unbekehrbare Heidin hältst. Es stimmt, die Schwestern im Insti und später andere Autoritäten provozierten meinen Widerspruch und mein aufmüpfiges Handeln. Aber du, dich achte ich in deiner Art, zu glauben. Wie du Weihnachtslieder gesungen, wie du deine Rolle in den Krippenspielen gelebt hast. Wie du dich in der Stille oder in die Stille versenken kannst. Das waren für mich Erlebnisse, die mir Weihnachten wertvoll gemacht haben, und diese Weihnacht suche ich bis heute.

Wenn es doch so einfach wäre: ein Brieflein an die liebe Therese – und schon wird die nötige Portion Frömmigkeit geliefert. Wenn es so wäre, ich würde das Porto liebend gern bezahlen!

Immer wieder hoffnungsvoll,
deine Bea

Liebe Regi

Das habe ich dir wahrscheinlich nie gesagt: Ich habe mir immer gewünscht, so schönes Haar wie du zu haben. In der Primarschule haben die Buben meine rothaarige Banknachbarin gehänselt, sie haben sie Rüebli genannt. Ich fand das gemein, aber ich wagte es nicht, mich für sie zu wehren. Dann kam ich ins Insti. Und da warst du – du hast deine Haarpracht präsentiert wie eine Königin. Dass du auch vom Namen her eine Königin bist, habe ich damals noch nicht gewusst.

Vielleicht, liebe Regi, vielleicht wäre ich so geworden wie du, wenn ich dein Haar gehabt hätte. Wahrscheinlich nicht. Aber dank dir bin ich eine dunkel- und schon bald weisshaarige Irène mit etwas mehr Selbstbewusstsein geworden. Auch deine Haare verlieren nun mit dem zunehmenden Alter ihre intensive Farbe – aber du bleibst Objekt meiner Bewunderung!

Deine Irène

Liebe Yvonne

Was sich wohl die andern von dir wünschen würden? Etwas aus deinem riesengrossen Ideenschatz? Oder ein Stück von deiner unangefochtenen Autorität? Beides hast du einmal mehr gezeigt mit deinem Vorschlag. Und ich bin sicher, alle werden ihn diskussionslos befolgen – es war immer so!

Was ich persönlich von dir brauchen könnte, wäre etwas von deiner Unabhängigkeit.

Vielleicht denkst du jetzt, ich wünsche, ich wäre etwas weniger auf meinen Glauben fixiert, ich wäre etwas nonchalanter und damit für die Gruppe auch etwas weniger peinlich. Aber das meine ich nicht. Ich möchte mit dieser selbstverständlichen Autorität, mit der du die Richtigkeit und Nützlichkeit deiner Einfälle begründest, den Wert meines Glaubens deutlich machen, ohne das, was ihr, ich weiss es wohl, als Kompliziertheit, Verdrehtheit und Schwülstigkeit empfindet. Ich weiss ja selbst auch, dass das nichts mit der «richtigen» Weihnacht zu tun hat. Und es ist auch nicht «meine» Weihnacht, aber ich finde es schwer, den angemessenen Ausdruck dafür zu finden. Nicht nur zu Festzeiten. Auch in meinem gewöhnlichen Dasein. Nimm mich doch einmal ins Gebet. Oder wäre das dann nichts anderes als Abhängigkeit von dir?

Unsicher wie immer,
deine Therese

NUR JA KEINE TRÄNEN!

Aus dem Hinterstübli des Café Flor kommt lautes Gelächter, übermütige Frauenstimmen. Zwei Damen an einem der Fenstertische schauen sich mit hochgezogenen Augenbrauen an: In was für ein Etablissement sind sie da geraten? Und jetzt geht auch noch die Türe auf, und zusammen mit einem Schwall kalter Luft stürzt eine junge Frau in den Raum. Sie bleibt stehen, hört das Lachen und steuert dann auf das Hinterstübli zu. Im Vorbeigehen lächelt sie den beiden Frauen vor ihren Thés crèmes zu: «Wissen Sie, das ist die Ideenbörse der Seelsorgerinnen, heute ist Weihnachtsworkshop!» Und schon ist sie im Hinterzimmer verschwunden. Dort geht das Gelächter von neuem los: «Lena, wir haben uns gerade vorgestellt, wie du jetzt dann hereinstürmen wirst», ruft eine der drei Frauen, die dort um den Tisch Platz genommen haben. Und eine andere prustet: «Wir wollten wetten: Kommst du mit dem Rollbrett oder mit dem Trottinett deiner Kinder?»

«So, jetzt aber etwas mehr Ernst, wenn wir endlich alle da sind!», versucht sich die dritte durchzusetzen. «Ihr habt mir die Moderation übertragen, dann wollen wir uns jetzt an

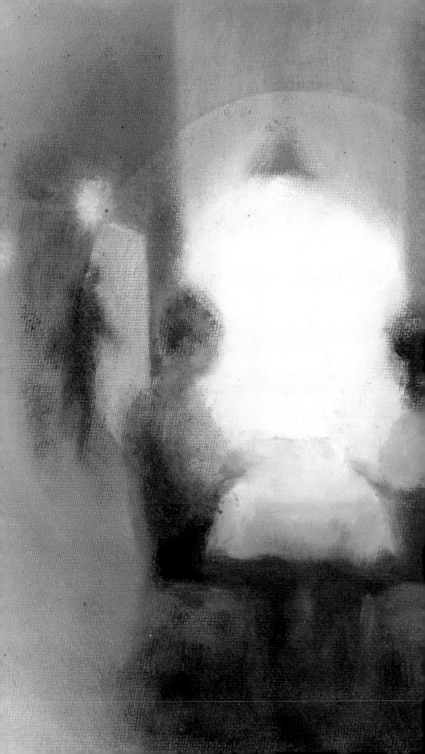

die Arbeit machen, damit vielleicht doch noch etwas Brauchbares für diese sogenannte Weiterbildung herauskommt.» Die drei anderen rücken ihre Stühle mit übertriebenem Eifer zurecht und legen die Hände auf den Tisch wie brave Schulmädchen. Aber eigentlich sind sie ja höchst ehrenwerte Frauen, die vier Freundinnen, zwar sehr unterschiedlich, was Alter und Charakter angeht, aber alle vier sind Theologinnen, und wenn sie sich zu ihrem «Chränzli» treffen, ist ihnen der Austausch ihrer Erfahrungen und ihrer Fragen ebenso wichtig wie das gemütliche Beisammensein. Verena, die älteste, ist schon seit einigen Jahren pensioniert, aber sowohl geistig wie körperlich immer noch «voll dabei». Rita, die bald 60 wird, hat sich ständig weitergebildet – Seelsorge, Coaching, Mediation – und arbeitet jetzt in einem Spezialpfarramt. Sabine ist seit 15 Jahren Gemeindepfarrerin und Lena, die jüngste, beschäftigt sich momentan mit Kindern – den drei eigenen und den Schülerinnen und Schülern in ihren verschiedenen Religionsklassen.

«Dann fangen wir also an!», sagt Lena. «Schön, euch zu sehen! Stehen immer noch Weihnachtsgeschichten auf dem Programm?» «Tränenuntaugliche Weihnachtsgeschichten!», bemerkt Verena mit spitzbübischem Gesicht – und schon wieder droht Gelächter auszubrechen. «Halt, halt», ruft Rita, «und ja, Lena, ich habe mich entsprechend vorbereitet, und ihr hoffentlich auch! Du, Sabine, du hast bei unserem letzten Treffen geklagt, dass du keine Weihnachtsgeschichten erzählen kannst, weil du jeweils vor Rührung heulen musst. Und offenbar kennen auch andere unter uns solch peinliche Momente. Ich schlage nun vor, wir machen zuerst eine Runde: Ich und meine Tränen – was geht euch da durch den Kopf?»

«Yes, Coach!», ruft Lena, und Sabine wühlt in ihrer Handtasche und entfaltet ein blütenweisses, grosses Taschentuch: «Extra zu diesem Zweck mitgenommen», sagt sie und zeigt es in die Runde.

«Gut, meine Lieben», meldet sich Verena, «ich fange einmal an. Es geht zuerst einmal nur um Tränen, oder? Meine Tränen … Zwar ist es schon eine Weile her seit meinen Jahren im Pfarramt, aber gewisse Momente sind mir immer noch in peinlicher Erinnerung: Ich weiss nicht, war es der Hormonhaushalt oder die abnehmenden Kräfte, jedenfalls stand mir in den letzten Berufsjahren häufig das Heulen zuvorderst. Beim Predigen allgemein, aber vor allem bei Abdankungen, und das geht nun wirklich nicht, alle dürfen da weinen, aber die Pfarrerin nicht! Ich kam mir arbeitsuntauglich vor – und ging schliesslich zum Arzt. Der verschrieb mir ein leichtes Entspannungsmittel, ‹Fragilax›, übrigens rezeptfrei. Das half – in der richtigen Dosierung. Ja nicht zu viel, sonst schlief ich fast ein, stellt euch das vor!» «Nein, lieber nicht!», prustet Sabine und blinzelt Lena zu.

«Jetzt bitte du!», sagt Rita und wendet sich an Lena. Die macht ein bekümmertes Gesicht, strafft den Rücken und hebt an: «Liebe Briefkastentante, ich habe ein Problem: Wenn ich unsern Kinder Geschichten erzähle, bin ich von den besonders schönen so gerührt, dass mir die Tränen kommen. Dann sitzen die Kids geniert da, schauen sich an, schauen mich an – diese flennende Mutter! Und nun soll ich an Weihnachten an unserer privaten Familienfeier eine Geschichte vorlesen – du als Theologin, heisst es. Und ich, als Theologin, möchte doch eine schöne, ernsthafte und zugleich freudige Botschaft überbringen. Aber wie schaffe ich das?»

«Nun noch du, Sabine», sagt Rita schnell. Lena hat ihr Anliegen mit so viel theatralischer Gestik vorgebracht, dass ein neuer Lachanfall fast nicht mehr zu verhindern ist. Und jetzt lässt sich Sabine doch tatsächlich durch Lenas Rollenspiel inspirieren. In geschäftlichem Ton sagt sie: «Ich wende mich hiermit an die Kundenabteilung der Firma Tempo und zwar mit einer Mängelrüge: Wenn ich meine Lieblingsserie schaue, lege ich vorher drei Packungen Tempo bereit. Aber in letzter Zeit reicht das nicht mehr. Liegt es an der Qualität Ihrer Produkte oder an den neuen Folgen der Staffel? Ich würde Ihnen jedenfalls empfehlen, die Forschungsabteilung mit einem neuen Produkt zu beauftragen – Tempo mit dem Label ‹extra tränenfest›.

Nun muss Rita ihre ganze Autorität einsetzen, denn schon fliegt Sabine eine Taschentuchpackung zu, und auch Verena beginnt in ihrer Tasche zu wühlen.

«Danke für diese Runde», sagt die Moderatorin, «offenbar sind wir alle im gleichen Spittel krank. Ich nämlich auch, nur will mir das niemand glauben, ich sei doch viel zu tough, heisst es immer.»

«Vielleicht machen wir ja jetzt gerade darum das Kalb», wirft Verena ein, «weil es uns nahegeht, und wir uns doch im Griff haben möchten.»

«Ja», stimmt Sabine zu, «aber es kommt noch etwas anderes dazu. Ich finde Tränen etwas Schönes, ein Geschenk, aber es ärgert mich, dass sie mir bei Geschichten kommen, die es einfach nicht wert sind.»

«Nicht wert?», fragt Rita, und Lena unterbricht: «Mir geht es auch so, ganz allgemein!» Da passieren auf der Welt die schrecklichsten Dinge und ich sage: ‹So schlimm!› Aber dann heule ich wegen irgendeiner blöden Kitschgeschichte, wegen eines doofen Happy Ends!»

«Und was heisst das jetzt für Weihnachtsgeschichten?» Rita versucht, das Gespräch wieder auf Weiterbildungsniveau zu bringen. «Für Weihnachtsgeschichten am Seniorennachmittag, in der Schule, in der Pfadi ... Oder eben bei den eigenen Kindern, an der privaten Familienweihnacht ... ? Fragilax nehmen? Wohl doch nur im absoluten Ernstfall?»

«Ja, es ist schwierig», sagt Sabine, und es wird deutlich, wie sehr sie sich zusammennimmt, um endlich ernsthaft zu bleiben. «Bei meinen DVDs kann ich ja flennen, so viel ich muss, obwohl es ja auch dort immer wieder um Sentimentalitäten geht, aber manchmal bin ich auch da ehrlich und zutiefst berührt. Bei Geschichten von Freundlichkeit, Güte, Hilfe, von Freundschaft – auch das sind für mich Weihnachtsgeschichten! Weil sie von Menschenfreundlichkeit erzählen.»

«Aber die richtigen Weihnachtsgeschichten ...», setzt Rita ein und versucht, dem Gespräch wieder die geplante Richtung zu geben. «Könnte man es so sagen?», meldet sich jetzt Verena: «Auf kitschige Weihnachtsgeschichten können wir ja leichten Herzens verzichten – *wir* sind es ja, die die Wahl treffen. Dann gibt es aber auch noch die lustigen Geschichten ...»

«Da kann es aber vorkommen, dass man Tränen lacht», wirft Lena ein. «Aber sehr selten, leider!», meint Sabine. «Ich wäre froh, wenn ich nur drei oder vier wirklich lustige Geschichten kennen würde, und hätte dann auch nichts gegen Lachtränen!»

«Bleiben also noch die ‹guten› Geschichten», setzt nun Rita wieder ein, «jene, die in mir etwas Tiefes anrühren ...» Und Sabine ergänzt: «... die mich eben empfindlich, empfindsam machen – und darum überkommt es mich dann einfach. Dass ich mich schäme, ist das eine –»

«… und das ist falsch, denn wir wollen ja mit unserer Botschaft berühren, und das ist doch gelungen, wenn bei einer Geschichte Tränen fliessen!», sagt Verena.

«Es ist eben nur das eine», nimmt Sabine den Faden wieder auf. «Aber es gibt auch noch einen ganz praktischen Grund: Ich kann nicht mehr vorlesen oder erzählen, wenn ich heulen muss!»

«Ja, die Performance ist im Eimer», stellt Lena trocken fest. «Also auch keine *guten* Geschichten mehr? Aber was dann?», fragt Sabine ratlos. «Alle wollen Geschichten, an jeder Weihnachtsfeier muss eine Geschichte her!»

«Wie wär's mit aufnehmen?» In Lenas Augen blitzt wieder der Schalk. «Mit dem Handy aufnehmen, zu Hause in aller Ruhe? Und dann als Playback abspielen?»

«Oder eine Schauspielerin engagieren?», schlägt Rita vor. «Und wer soll das bezahlen?», fragt Sabine ironisch. «Mir gefallen die nicht professionell erzählten, die handgestrickten Geschichten sowieso besser», meint Verena, «wie mir an Weihnachten auch die selbstgemachten Geschenke die liebsten sind.»

Nun bringt Lena einen neuen Vorschlag: «Wie wär's mit Transparenz in Form einer Vorwarnung? Liebe Zuhörerin und Zuhörer, macht euch gefasst …!» «Das ginge vielleicht am Seniorennachmittag, aber stell dir vor, bei den Konfirmanden!», wendet Sabine ein.

«Dann bleibt also nur noch das», sagt Rita, die auf die Uhr geschaut hat: «Jede von uns sucht mögliche Geschichten aus und bringt sie mit zu unserem nächsten Chränzli. Die Kriterien: ‹emotional neutral›, aber dennoch nicht langweilig.»

«Gibt's denn das?», ruft Lena. Rita fährt fort: «Vielleicht lustig, vielleicht traurig, aber sicher: weihnächtlich!»

«Und was meinst du jetzt damit?», fragt Verena.

«Evangelium! Gute Botschaft – in unserer Zeit. In unserem Alltag!» Rita möchte gerne die Runde und die Sitzung abschliessen, aber Lena schneidet ihr das Wort ab. Sie hebt die Arme und sagt feierlich: «So geht denn hin und sucht. Und wenn ihr es gefunden habt, kommt zurück und erzählt uns davon, damit wir miteinander den Tränen zu widerstehen lernen! Habt guten Mut!»

ULMENSTRASSE 12

Und jetzt noch das verflixte stotzige Strassenstück. Maja stieg vom Velo. Hier musste sie stossen, erst recht mit Nick im Kindersitz. Der Zweijährige war während der Fahrt durch die Stadt eingeschlafen. Wie jedes Mal bei der Heimkehr fragte sich Maja auch heute, ob das eine gute Idee gewesen sei – diese Wohnung in einem Quartier hoch über der Stadt zu mieten. Sie war zwar komfortabel und vernünftig im Preis, zwei Zimmer mit erstaunlich grossen Fenstern im Dachstock eines Einfamilienhauses, an einer Strasse mit gemütlichen Reihenhäusern, kleinen Vorgärten, vielen Bäumen und wenig Verkehr. Aber Maja hatte fast nichts davon. Am Morgen fuhr sie kurz nach sieben mit Nick in die Kinderkrippe und dann zu ihrer Arbeit in die Stadtbibliothek. Wenn sie abends Nick wieder abgeholt und heimtransportiert hatte, war sie meistens so erschöpft, dass sie sich sogar für das Nachtessen aufraffen musste und froh war, Nick schnell ins Bett stecken zu können. Häufig schlief sie in ihrem Korbsessel ein, wenn sie die Post anschaute oder administrative Angelegenheiten erledigen wollte. Wenn sie gegen 21 Uhr wieder erwachte, zerknittert und zerschlagen, war es zu spät, um noch etwas Vernünftiges oder auch nur Nötiges zu tun.

Es würde auch heute nicht anders sein, dachte Maja und blieb einen Moment lang stehen. Nur noch eine letzte Anstrengung, weit war es nun nicht mehr. Vor ihr ging ein Mann, sie konnte ihn in der Dunkelheit nur undeutlich erkennen. Er war gross und hager und hatte einen aufrechten, aber langsamen Gang. Er musste wohl schon ziemlich alt sein. Maja hatte ihn noch nie gesehen. Im Quartier fielen vor allem die vielen jungen Familien auf, die die Reihenhäuser von der Generation der Erbauer übernommen hatten. Auch das war ein Grund gewesen, warum sich Maja für diese Wohnung entschieden hatte. Nick hätte Spielkameraden, und sie selbst würde sich vielleicht nicht mehr so allein vorkommen. Aber bis jetzt hatte sie noch keine Seele kennengelernt. Ob auch der alte Mann hier wohnte? Tatsächlich, bevor sie zu ihrer Wohnung im Eckhaus abbog, sah sie ihn weiter vorne einen Vorgarten betreten.

Später, als Maja ihre Post durchging, studierte sie auch den Zettel, der im Briefkasten eingeklemmt worden war: «Wir begehen miteinander den Weg der Adventsfenster», hiess es da. Es war die Einladung zu einem offenbar traditionellen Anlass in der Strasse: «Wie jedes Jahr haben wiederum viele Familien zugesagt, ein Adventsfenster zu gestalten. Am ersten Advent werden wir das erste bewundern dürfen. Wir treffen uns um 18.30 Uhr auf dem Vorplatz der Ulmenstrasse 6 bei Familie Schneider. Jeden Tag werden wir ein Stück weiter gehen, zum neuen Fenster, das aufleuchten wird. So ziehen wir die ersten zwölf Tage die Strasse hinauf mit Aussicht auf die linke Seite und dann bis zum 23. Dezember wieder hinunter, diesmal auf der rechten Seite. An den vier Adventssonntagen bleiben alle, die wollen, bei Punsch und Gebäck noch etwas länger beisammen. Wir freuen uns, wenn Sie dabei sind, vom ersten Advent bis zum 23. Dezember jeweils um 18.30 Uhr. Im Namen des Vorbereitungsteams: Ines Frey und Carmen Bögli Minder.»

«Voilà», sagte sich Maja, «das ist jetzt die Gelegenheit. Da werden wir hingehen.»

Und da waren sie denn nun auch: Maja mit Nick im Huckepack an der Ulmenstrasse 6. Nick zappelte, er wollte unbedingt aussteigen und mit den vielen anderen Kindern, die hergekommen waren, herumrennen. Mütter und Väter standen plaudernd beieinander, eine junge Frau, die Maja vorher schon einige Male gesehen hatte, begrüsste sie: «Ich bin Carmen Bögli, wir wohnen in der Nummer 15. Schön, dass ihr beide gekommen seid – wir sagen uns du, ist das o. k.?» Carmen machte Maja mit den anderen Frauen vom Organisationsteam bekannt und stellte sich dann vor die Gruppe, die sich versammelt hatte. Sie begrüsste alle und kündigte den feierlichen Moment an: «Bitte kommt alle noch etwas näher hierher! Wenn es ganz still geworden ist, kommt die Überraschung!»

Es war allerdings nicht ganz einfach, Ruhe in die übermütige Kinderschar zu bringen. Aber dann endlich war kaum noch ein Ton zu hören – und da leuchtete das grosse Fenster des Hauses Nummer 6 auf. Wie ein Kirchenfenster sah es aus, ein Transparent in prächtigen Farben, und es zeigte eine Gruppe Kinder, unterwegs auf einer langen Strasse, einem Stern entgegen. Noch immer war es still, dann auf einmal Oh und Ah, Jubel und Applaus. Die Kinder wurden hochgehoben, damit sie das Bild besser sehen konnten, man tauschte aus, was man an Details und Farbkombinationen entdeckt hatte. Einfach schön – man war sich einig. Dann wurde Punsch aufgetragen, und unversehens waren Maja und Nick einbezogen ins Geplauder und Gelächter. Zum Abschluss wurde ein Adventslied angestimmt, auch das gehöre zur Tradition, erklärte Carmen.

Maja begleitete ein paar Familien die Strasse hinauf. Sie gingen vorbei an den Häusern, die in den nächsten Tagen ihre geschmückten Fenster zeigen würden. «Aber passt auf, wenn ihr an der Nummer 12 vorbeigeht», warnten die Alteingesessenen, «der Alte dort ist dem Adventsfensterspaziergang nicht wohlgesinnt. Er hat immer etwas zu meckern.»

Am nächsten Tag brachte es Maja tatsächlich zustande, rechtzeitig zur Nummer 6 zu gelangen. Man bewunderte wieder das leuchtende Fenster und ging dann ein Haus weiter zur Nummer 8. Wiederum dauerte es eine Weile, bis Ruhe war. Und dann leuchtete das zweite Fenster auf: Es war geschmückt mit Tannenzweigen, Föhrenzapfen und Stechpalmen, in der Mitte brannte eine riesengrosse rote Kerze, allerdings war es ein elektrisches Flämmchen, und das ganze Fenster war mit Spotlampen stimmungsvoll beleuchtet.

Am dritten Tag war die Nummer 10 an der Reihe. Maja fiel auf, dass die Fenster der Nummer 12 daneben dunkel waren – abweisende schwarze Flächen. Aber hatte sich da nicht etwas bewegt? Maja glaubte, in dem Schatten, der sich hinter dem Fenster gezeigt hatte, einen Mann zu erkennen. Jenen Mann etwa, so fragte sie sich, den sie beim Heimkehren ein paarmal beobachtet hatte? Aber da rasselte es laut und gehässig, und der Rollladen des grossen Fensters fiel herunter. Das war deutlich, ein Zeichen des Protests gegen die vergnügten Adventsleute auf der Strasse. Maja tat es leid, und immer wieder an diesem Abend kam ihr das dunkle, abweisende Haus und der wütend ratternde Laden in den Sinn.

Am nächsten Abend wurde das Fenster der Nummer 14 eingeweiht. Das wird dem Alten grad nochmals nicht passen, dachte Maja. Und tatsächlich, als das neue Fenster mit Applaus willkommen geheissen wurde, ratterte wiederum der Rollladen nach unten. Man sah sich vielsagend an, einige tuschelten, aber niemand trübte die Stimmung mit einer giftigen Bemerkung.

Als die Schar zum Ausgangspunkt zurückkehrte, blieb Maja einen Augenblick lang vor der Nummer 12 stehen. Sie holte aus ihrem Mantelsack ein Teelicht, das sie zu Hause eingesteckt hatte, zündete es an und stellte es bei der Nummer 12 auf die oberste Stufe der Eingangstreppe. Das Licht brannte ruhig, und sie wandte sich schnell ab, um die anderen einzuholen.

Von jetzt an leuchtete nach jedem Adventsgang ein kleines Licht vor dem dunklen Haus. Maja hatte keine Ahnung, wie der alte Mann auf dieses Zeichen reagieren würde. Sie tat es mehr für sich als für ihn. Zum ersten Mal war ihr wirklich wohl am neuen Ort, sie freute sich jeden Tag auf den Spaziergang und die Leute, die sie kennengelernt hatte, und da tat es ihr umso mehr leid, dass andere allein und abweisend waren. Aber als Heiligabend immer näher rückte, fragte sie sich, ob diese kleinen Leuchtzeichen nicht doch sinnlos seien. Darum stellte sie am letzten Adventssonntag vier Lichter auf die Stufe und legte einen Brief dazu.

Am nächsten Tag, es war der 22. Dezember, wartete sie, bis die ganze Gruppe wieder am Ausgangsort versammelt war. Dann ging sie zur Nummer 12. Als sie vorhin vorbeigezogen waren, hatte sich im Haus nichts gerührt, der Rollladen war unten, nirgends ein Licht. Aber jetzt – sie konnte es kaum glauben – brannte neben ihren Lichtern ein anderes, eine von den Kerzen, die sie in den letzten Tagen dort hingestellt hatte. «Nick», sagte sie leise zu ihrem Kind, «Nick, siehst du das? Weisst du, was das bedeutet?» Aber Nick war auf ihrem Rücken eingeschlafen. Maja ging leise durch den Vorgarten zur Eingangstreppe. Unter dem einen Teelicht lag ein Brief. Maja öffnete den Umschlag. Da stand in ihrer Schrift: «Ich bin neu im Quartier und möchte Sie gerne einmal besuchen. Wenn Sie einverstanden sind, so stellen Sie doch bitte eine Kerze auf die Treppe. Maja.»

Und darunter stand in energischer Schrift: «Ja, kommen Sie nur. Wann Sie wollen. Eugen Huber»

TANTE ERIKA NERVT

David schloss die Tür der Praxis ab. Feierabend! Oder wenigstens vielleicht Feierabend. Wenn nicht noch ein Notfall gemeldet wurde. Und sicher nur fast Feierabend. Denn da war noch die tägliche Pflicht, die erfüllt werden musste: der Besuch bei Tante Erika. Er seufzte und machte sich auf den Weg durch den Garten zum Haus nebenan. Dort, in der grossen Villa, wohnte die Schwester seiner Mutter. Ihr Mann, Onkel Viktor, hatte ihm vor zwanzig Jahren seine Praxis übergeben. Eine gute Nachfolgelösung für alle. David war dankbar für das Vertrauen, das Onkel und Tante ihm erwiesen hatten. Er hatte sich auch als würdig erwiesen, das durfte er ruhig sagen. Er hatte viel profitiert, aber auch immer mehr Verantwortung übernommen – jetzt vor allem auch Verantwortung für die Tante, die nach Viktors Tod allein im grossen Haus wohnte und sich, man konnte es nicht anders sagen, zu einer sturen, schrulligen alten Frau entwickelt hatte. Sie behandelte David zwar mit Hochachtung – ein Arzt, und erst noch der Nachfolger ihres Viktor! Aber sie hielt sich in keiner Weise an Davids Ratschläge und Anweisungen. Wahrscheinlich stapelten sich die verschriebenen Medikamente irgendwo in einer Schublade. Wenn David Tante Erika darauf ansprach, erlitt sie jedenfalls meistens einen plötzlichen Anfall von Schwerhörigkeit.

David kannte dieses Verhalten natürlich auch von anderen Patienten. Aber bei ihnen konnte er es mit der nötigen Professionalität wegstecken. Und die versagte bei Tante Erika. Er nahm sich zwar Langmut und Geduld vor und versuchte, bei allen Begegnungen mit ihr dass Stichwort «Demenz» im Hinterkopf zu halten. Aber diese Besserwisserei, diese Selbstgefälligkeit und der fromme Dünkel enervierten ihn immer wieder masslos. Dennoch ging er jeden Tag nach getaner Arbeit getreulich zur Villa. Das war er seinem Berufsethos und seiner Familienehre schuldig.

In einer Viertelstunde bin ich auf dem Heimweg, ermunterte er sich – wenn alles gut geht. Aber eben: Gestern war es gar nicht gut gegangen. Von neuem stieg der Zorn in ihm hoch. Er hatte seiner Tante ganz ruhig und sachlich vorgeschlagen, doch einmal über eine Veränderung nachzudenken. War dieses grosse, schlecht heizbare Haus nicht vor allem eine Last für sie? Seitdem die Putzfrau nach Spanien zurückgekehrt war, machte Erika alles selber. Sie meinte es wenigstens. Aber David sah die Anzeichen von Verwahrlosung.

«Tante Erika, vielleicht könntest du ja im oberen Stock die Zimmer vermieten, zum Beispiel an eine Frau, die dich dafür im Haushalt unterstützen würde?»

«Was fällt dir ein!», hatte Erika empört gerufen. «Ich brauche keine Hilfe!»

«Aber was ist denn schlecht daran? Du hast dein Leben lang anderen geholfen – meiner Familie, den Leuten in der Kirchgemeinde und vielen von Onkel Viktors Patienten!»

«Das ist etwas anderes», erwiderte Erika kühl. «Das habe ich gern gemacht. Und sie hatten es nötig.»

«Aber jetzt hast *du* Hilfe nötig. Und die anderen machen es genauso gern, wie du es getan hast!»

«Wer sagt hier, dass ich es nötig habe? Ich weiss am besten, was ich brauche, und ich kann mir auch bestens selber helfen, basta!»

Da war David deutlich geworden: «Wenn du fremde Hilfe für erniedrigend hältst, muss ich das dann so verstehen, dass du die Menschen, denen du geholfen hast, erniedrigen wolltest?»

Da war Erika aufgestanden, war aus dem Wohnzimmer gegangen und hatte die Türe zugeknallt mit einer Wucht, wie man sie nicht von ihr erwartet hätte. Das war fies von mir gewesen, hatte sich David eingestanden. Aber er wollte und konnte sich nicht entschuldigen. Nach zehn Minuten war er aufgestanden und heimgegangen.

Und jetzt stand er also wieder vor der Villa. Er drückte auf die Klingel. Nichts rührte sich. Nochmals. Nichts. Die Angst packte David. Was, wenn seiner Tante etwas zugestossen war? Womöglich noch, weil sie sich gestern so sehr aufgeregt hatte? Was, wenn sie gelähmt am Boden lag? Die ganze Nacht, den ganzen Tag schon?

David drückte auf die Klinke – die Haustür war nicht verschlossen, er trat in den kalten, düsteren Gang. Da hörte er verhaltene Musik. Klavierspiel. Er ging zur Wohnzimmertür und öffnete sie einen Spalt weit. Gott sei Dank, Tante Erika war wohlauf, sie hatte offensichtlich das Läuten nicht gehört. Da sass sie am Klavier und spielte und sang dazu – es war ein Weihnachtslied, das an den Familienweihnachten erklungen war. David blieb reglos stehen:

«Ein Herz, das Demut liebet,
bei Gott am höchsten steht;
ein Herz, das Hochmut übet,
mit Angst zugrunde geht;
ein Herz, das redlich ist
und folget Gottes Leiten,
das kann sich recht bereiten,
zu dem kommt Jesus Christ.»

Jetzt hielt er es nicht mehr aus. David machte kehrt und verliess mit schnellen Schritten die Villa. Er ging durch den verwilderten Garten und weiter zum Wäldchen hinauf. Hier war es dunkel und kalt, aber ruhig und friedlich. In David jedoch kochte die Wut. «Ein Herz, das Demut liebet, ein Herz, das Hochmut übet» – was singt sie da, diese selbstgefällige alte Tasche. Sie hält sich natürlich für die Demütige, dem lieben Gott so nah, und dabei macht sie mit ihrem Stolz und Dünkel allen das Leben schwer. David atmete schwer, dieses heuchlerische Lied – er versuchte, die Liederzeilen zu rekonstruieren. Ich muss mich beruhigen, sagte er sich dann. Einatmen, ausatmen, schön ruhig und tief … Jetzt kam die Erinnerung an die Liedzeilen wieder in ihm hoch: «… ein Herz, das redlich ist und folget Gottes Leiten, das kann sich recht bereiten, zu dem kommt Jesus Christ.»

Ein redliches Herz, ein redliches Herz, dieser veraltete Ausdruck. David brauchte das Wort nicht, aber jetzt kam es ihm freundlich entgegen. Redlich? Aufrecht? Integer? So, wie ich bin. So, wie ich bin? So, wie ich sein möchte, wohl doch eher?

Redlich? Bin ich das? Und glaubt Tante Erika nicht auch, redlich zu sein? Sogar demütig! Sie mit ihrem Dünkel! – Du, mit deinem Dünkel!

David blieb stehen. Das gefiel ihm gar nicht. Auf einmal sah er sich selbst infrage gestellt. Ging er, als professioneller Helfer, nicht selbst davon aus, «es» zu wissen, zu wissen, was richtig und wichtig war für die anderen, für «seine» Kranken? Die allermeisten von ihnen unterzogen sich widerspruchslos seinen Anweisungen, und wenn sich einmal einer querstellte, gab es dafür eine negative Etikette: ein renitenter Besserwisser, eine hyperventilierende Hypochonderin!

Dass die Beziehung zu Tante Erika besonders schwierig war, hatte wohl auch damit zu tun, dass sie in ihm, David, immer noch den kleinen Neffen sah, den es zu belehren, zu erziehen und, gewiss auch das, hin und wieder zu verwöhnen galt. Und dass ihre Ansprüche ihm gegenüber grenzenlos waren. Zwischenmenschliche Gleichberechtigung war das jedenfalls nicht. Aber ehrlich, aber redlich: Zwischenmenschliche Gleichberechtigung war ja auch nicht das, was Davids Beziehung zu seinen Patienten bestimmte ...

David machte unvermittelt kehrt und ging zurück zur Villa. Jetzt war es still im Haus. Vorsichtig ging er zur Wohnzimmertür und klopfte an. «Ja, bist du es, David?» Er öffnete die Tür, sie sass am Klavier, die Hände auf die Tasten gelegt. «Ich habe dich gehört», sagte David, «darf ich mitsingen? Welches Lied ist es?»

«Ach, ich sitze schon lange so da», antwortete die Tante. «Ich konnte nicht mehr weitersingen, weil mir unser Streit von gestern wieder in den Sinn gekommen ist. Ich weiss nicht mehr, worum es ging. Aber als ich zu dieser Strophe kam, war mir, ich müsse mich bei dir entschuldigen. Diese Strophe hier: ‹Ein Herz, das Demut liebet, bei Gott am höchsten steht; ein Herz, das Hochmut übet, mit Angst zugrunde geht ...› Es tut mir leid, David, dass ich immer wieder so empfindlich bin.»

«Ich möchte dir das Gleiche sagen, Tante Erika», antwortete David. «Als ich dich singen hörte, bin ich wieder hinausgegangen. Mir kam das so heuchlerisch vor. Aber dann habe ich mich eben auch gefragt, wie ein redliches Herz mit einem Streit wie dem unseren umgeht. Ich bin auf das Gleiche gekommen wie du: Es tut mir leid!»

David legte Erika die Hände auf die Schultern und schaute in die Noten auf dem Klavier. «Bist du einverstanden, wenn wir hier ganz feierlich Frieden schliessen, indem wir diese Strophe miteinander singen – und die letzte gleich noch dazu?»

«Ach mache du mich Armen
zu dieser heilgen Zeit
aus Güte und Erbarmen,
Herr Jesu, selbst bereit.
Zieh in mein Herz hinein
vom Stall und von der Krippen,
so werden Herz und Lippen
dir allzeit dankbar sein.»

Und er fuhr fort: «Ich bin ja nicht Kardiologe, bloss Allgemeinpraktiker. Darum wird mir das menschliche Herz ein Rätsel bleiben. Aber mir gefällt die Vorstellung, dass sich Herzen für Weihnachten öffnen – auch unsere!»

DER ADVENTSBESEN

Ruth trat auf die kleine Terrasse vor der Küche. Es dämmerte, der letzte Moment, um die Tannenäste zu holen, die draussen im Garten lagen. Der Haufen war nicht mehr so gross wie in früheren Jahren, als die drei Kinder von Ruth jeweils für ihre Schulklasse einen Adventskranz fabriziert hatten. Jetzt brauchte es nur noch einen einzigen Kranz, und den wollte Ruth nun binden, wie immer am Samstagabend vor dem ersten Advent.

Was ist das denn?, fragte sie sich nun und bückte sich: Auf dem Terrassenboden, gleich neben der Treppe in den Garten, stand ein eigenartiges Gebilde – eine Art Strauss oder schon eher ein dürres Gestrüpp. Ruth hob es auf, stellte es auf den Küchentisch und holte dann die vorbereiteten Zweige im Garten. Das musste jetzt zuerst sein. Nachher würde sie sich dieses seltsame Arrangement genauer anschauen.

Schon nach ein paar Minuten roch es in der Küche wunderbar nach Harz und Tannennadeln, und Ruth machte sich an die Arbeit – mit der Ruhe und Freude, die zu dieser Tradition gehörten. Zweiglein um Zweiglein wurden am Strohring befestigt, den sie wie jedes Jahr wieder aus dem Keller geholt hatte. So entstand langsam eine grüne Krone, Ruth sang dazu die alten Adventslieder, ganz für sich allein. Sie liebte diesen Moment. Es war schön, wie der Kranz in ihren Händen wuchs – perfekt wurde er nie, es war jedes Jahr ein ziemlich struppiges Ding, das mit den Angeboten aus der Floristikabteilung nicht mithalten konnte. Aber als die vier roten Kerzen endlich einigermassen senkrecht auf den Zweiglein standen und Ruth den Kranz auf dem Wohnzimmertisch platziert hatte, fand sie auch diesmal wieder: Er macht sich doch gut! Jetzt noch Ordnung in der Küche schaffen, dann konnte der Advent beginnen.

Aber da war ja noch das Fundstück vom Terrassenboden. Ruth setzte sich an den Küchentisch und zog es zu sich: In einem grossen alten Sterilisierglas war ein Strauss aus Zweigen angeordnet. Wobei: Strauss? Es war ein wildes Gewirr, ein Besen eben, und es spielte keine Rolle, dass das Glas kein Wasser enthielt – die Zweige waren dürr, abgestorben, tot. Keine Knospe, kein einziges Blättchen. Und doch war es irgendwie schön anzusehen, elegant, dekorativ, wie eine japanische Zeichnung. Oder wie Merets Buchstaben. Nicht verwunderlich, dass Ruth die Handschrift ihrer Freundin in den Sinn gekommen war. Es war ihr schnell klar geworden, dass diese Gabe von Meret auf die Terrasse gestellt worden war. Sie schickte häufig überraschende und eigenwillige Botschaften: ein sperriges Zitat, das sie in einem altmodischen Buch gelesen und in ihrer unverwechselbaren Schrift auf eine weisse Karte gekritzelt hatte, ein Zeitungsfoto, so ausgeschnitten und auf Papier geklebt, dass es wie ein Bild wirkte, oder ein Detail aus einer Kunstkarte, vielfach vergrössert – ein Gesicht, eine Hand, eine Blume. Ruth freute sich immer über diese speziellen Botschaften. Aber diese hier erschreckte sie und machte sie traurig. Was sollte sie bedeuten? Was sollte sie bewirken? Ruth nahm das Glas und stellte es ins Wohnzimmer neben den Adventskranz. Aber nein, das passte nicht. Besser aufs Buffet.

Beim Abendessen fiel der kahle Strauss nicht auf, aber am nächsten Morgen, als Ruth das Wohnzimmer betrat, fiel ihr Blick sofort auf das karge Gebilde. Weg damit? Aber es war doch ein Geschenk! Sie holte vier Teelichter und umringte damit das Sterilisierglas. Eine Hommage?, fragte sie sich. Oder die Karikatur eines Adventskranzes?

Am Abend dann wurde die erste Kerze angezündet. Auch das Teelicht? Nein, das ging nicht. Am ersten Advent darf nur eine Kerze brennen. Thomas, Ruths Mann, nahm das Gesteck erst jetzt wahr, da das Licht der Adventskerze seinen filigranen Schatten an die Wand warf. Natürlich erriet er sofort, wer den «Besen» hier deponiert hatte.

Ruth hatte sich vorgenommen, Meret mit einer schönen Weihnachtskarte zu danken, aber sie wusste nicht recht wie. Darum war sie froh, als sie zwei Tage später am Bahnhof Sibylle, Merets Schwester, begegnete. Sie stiegen in den gleichen Zug, und kaum hatten sie nebeneinander Platz genommen, wollte Ruth wissen: «Wie geht es denn Meret?»

«Wir machen uns grosse Sorgen ihretwegen», antwortete Sibylle, «aber sie war um keinen Preis von ihren Plänen abzubringen.»

«Pläne?»

«Sie ist am Sonntag in den hohen Norden verreist, stell dir vor! Irgendwo an einem einsamen Fjord hat sie ein Zimmer gemietet.»

«Und warum das?»

«Sie wollte sich ‹der Dunkelheit stellen›», so hat sie es ausgedrückt – «der Kälte, den Stürmen, der Nacht – so ein Blödsinn. Sie, mit ihrer fragilen Gesundheit! Vielleicht könnten diese Kräfte Energien in ihr wecken, ihren Widerstand anstacheln, hat sie gesagt.»

Ruth sagte nichts. Aber sie verstand, was Meret gemeint hatte, und sie verstand jetzt auch die Gabe, die sie hinterlassen hatte.

Die Adventstage vergingen, schnell, wie immer. Aber heller als sonst. Denn Ruth zündete nun jeweils auch die Lichter beim Adventsbesen an. Sein Schatten stand wie ein Scherenschnitt an der Wand. Schön und traurig, dachte Ruth, aber genau das ist ja auch Advent.

Sibylle war sehr niedergeschlagen, als Ruth sie bei der nächsten gemeinsamen Zugfahrt nach Meret fragte. «Mein Vater ist soeben abgereist, um sie heimzuholen – notfallmässig. Aber wen wundert's? Das konnte ja nicht gut herauskommen dort oben.»

«Und jetzt?», fragte Ruth.

«Wir wissen es alle nicht, wir müssen zuerst einmal sehen, in welchem Zustand Meret ist.»

Die dritte Adventswoche war vergangen. Am Samstag vor dem vierten Advent erhielt Ruth einen Brief. Ganz klar, von wem – diese Schrift, wie aus Zweiglein und Dornen zusammengesetzt. Ruth erschrak. Aber eigentlich sollte sie sich doch freuen, sagte sie sich. Nur schon dass Meret geschrieben hatte, war nicht selbstverständlich. Ruth öffnete den Umschlag mit einem Küchenmesser und ging dann ins Wohnzimmer. Aber nein, überlegte sie sich: Das ist nicht der richtige Moment, mitten in meinem hektischen Tagesablauf. Ich will mir Zeit für den Brief nehmen, ganz gleich, ob es eine gute oder eine traurige Botschaft ist.

Dann, am Abend, die Arbeit war getan, vor den Fenstern stand die Nacht, da wusste Ruth: Jetzt ist der Brief an der Reihe. Es war still im Haus, sie war allein. Im Wohnzimmer zündete sie die Adventskerzen an, alle vier, das musste jetzt so sein. Und die vier Teelichter. Sie betrachtete lange die Kritzelbuchstaben auf dem Briefumschlag. «Bitte, bitte, mach, dass es gut ist!»

Der Brief enthielt eine schöne weisse Doppelkarte, edles Papier. Leer. Ruth klappte sorgfältig die Karte auf. Kein Satz, kein Wort, kein Buchstabe. Aber, hauchdünn und kaum grösser als eine Briefmarke – ein Fetzchen Gold.

Ruth stand lange vor dem Adventsbesen. Es war, wie wenn die acht Kerzen den Schatten an der Wand lebendig machten. Ruth war traurig und froh zugleich. Langsam, sorgfältig löste sie das Gold von der Karte und liess es dann auf die toten Ästchen fallen. Da hing es, ausgespannt zwischen den Zweigen. Und es glänzte hell auf.

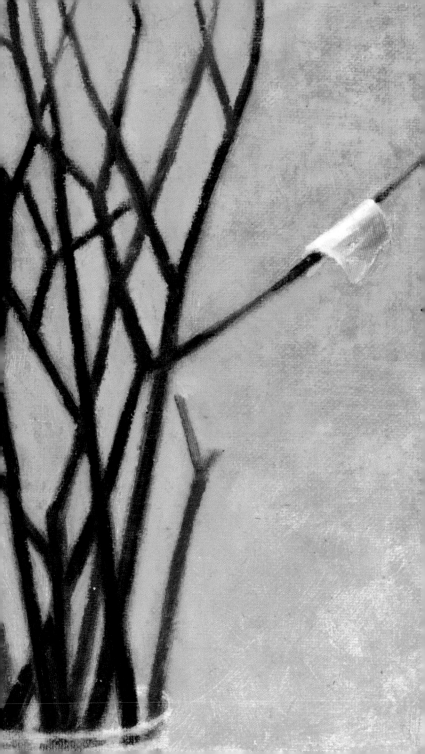

RICKLI, DIE SÜNDERIN

Ein Weihnachtsspiel von vielen bleibt mir in besonderer Erinnerung. Gewiss auch darum, weil die Jugendgruppe es aufführte und das doch etwas anderes war als die gewohnten Kinder-Krippenspiele. Margrit und Res als Maria und Josef, ausgerechnet diese beiden! Aber es war nicht das, was mir jene Aufführung unvergesslich macht ... Nur, ehrlich, ich bin gar nicht ganz sicher, ob das, was für mich so wichtig geworden ist, wirklich so stattgefunden hat. Es ist Er-Innerung, das heisst, aus dem Kern jenes Erlebnisses ist in meinem Innern etwas gewachsen, was mich seither begleitet und nährt. Aber nur ganz selten bringe ich es in den Zusammenhang mit jenem Weihnachtsspiel.

Margrit und Res als Maria und Josef also. Da waren aber auch noch, so dünkt mich, ein Kaiser – das war Rolf –, eine Bettlerin, Marianne, ein reicher Kaufmann, Martin, und eine «Marketenderin» – niemand wusste zwar, was das ist, aber das stand nun einmal so im Text. Also Margrit, Res, Rolf, Marianne, Martin waren dabei, auch Elsbeth und Isabelle. Und: Rickli. Erika hiess sie, aber sie nannte sich Rickli; sie war für eine Haushaltslehre ins Dorf gekommen. In der Jugendgruppe hatte sie schnell Freunde gefunden, kein Wunder, denn Rickli war lustig und unternehmungslustig, immer zum Spassen aufgelegt. Sie hatte kurze braune Locken und war ein «Pummerli». So nannte man liebevoll jene, die nach der damals geltenden politischen Korrektheit als «vollschlank» bezeichnet wurden.

Und jetzt war Rickli «die Sünderin». Was hatte sich denn die Regie bei der Rollenbesetzung nur gedacht? Rickli wusste doch nicht einmal, was «Sünde» bedeutet. Vielleicht hatte der Pfarrer in der Unterweisung davon geredet, aber falls sie damals etwas verstanden hatte, hatte sie es sicher gleich nach der Lektion wieder vergessen. Und wenn man schon damals Schoggi-Essen als Sünde bezeichnet hätte, hätte das Rickli nicht im Geringsten beeindruckt.

Heute ist Rickli, wenn sie noch lebt, eine alte Frau. (So hätte ich damals Frauen über 70 genannt, heute sagt man: eine rüstige Seniorin.) Wahrscheinlich hat sie das Weihnachtsspiel längst vergessen, und Sünde ist für sie jetzt vielleicht doch Schoggi-Essen.

Das Spiel nahm also seinen Lauf. Maria sass, Josef stand beim Kind in der Krippe. Der Kaiser, die Bettlerin, die Marketenderin, alle waren auf der Bühne dazugetreten, sie hatten die Eltern gegrüsst, hatten dann der rosafarbenen Zelluloid-Puppe dort auf dem Heu ihre Ansprache vorgetragen und sich im Halbkreis um die Hauptpersonen aufgestellt. Ein feierlicher Moment der Stille – und nun kam Rickli. Rickli, die Sünderin. Sie trug einen violetten Umhang und rote Hosen. (Ich kann mir nicht vorstellen, dass das wirklich ihr Kostüm war, aber in meiner Erinnerung ist es so.) Vor der Krippe kniete sie nieder und schlug – offensichtlich ein Ausdruck ihrer Verzweiflung – die Hände vor das Gesicht. Rickli, das lebenslustige Pummerli – ein Häufchen Elend.

Es war still im Saal, sehr still. Vielleicht hätte Rickli jetzt etwas sagen sollen. Vielleicht hat sie es sogar getan. In meiner Erinnerung nicht. Es war immer noch still im Saal, die Stille wollte kein Ende nehmen. Dann stand Rickli auf, das musste sein, damit sie singen konnte. Sie sang «Ich steh an deiner Krippe hier, o Jesu, du, mein Leben ...». Dieses Lied – da bin ich sicher, dass es dieses Lied war. Seither ist Rickli immer da, wenn ich das Lied singe oder höre, Rickli, in violettem Umhang und roten Hosen, verzweifelt vor der Krippe kniend – und dann – aufrecht – singend.

Ich bin keine verzweifelte Sünderin. So wenig wie Rickli. Das Lied in seiner altehrwürdigen Ausdrucksweise – ich verstehe es nicht. Aber das Lied versteht mich. Es nimmt mich auf, es trägt mich. Ich bin in ihm aufgehoben.

Wahrscheinlich ist damals im Weihnachtsspiel nichts so gewesen, wie ich es jetzt erzählt habe. Ausser das Lied. Aber das Lied ist wahr, und es macht alles wahr.

SCHARF BEOBACHTETE BRIEFKÄSTEN

Vom Schlafzimmer in die Wohnstube, in die Küche und wieder zurück. Zum siebten oder achten Mal machte Elsa Stuber in dieser Nacht den Parcours. Und etwa zum 300. Mal in diesem Jahr. Wadenkrämpfe, immer diese Wadenkrämpfe. In dieser Nacht hatten sie sich kurz nach zwei Uhr gemeldet. Und nun ging Elsa hin und her – ein alter Weihnachtsengel mit offenem weissem Haar, im hellen Flanellhemd, mit einem kuscheligen Wollschal über den Schultern. Elsa stellte sich ans Wohnzimmerfenster. Der Krampf hatte nachgelassen. Ob sie es wagen konnte, wieder ins Bett zu steigen? Noch ein paar Minuten abwarten. Elsa schaute in die stille Strasse. Die Adventsbeleuchtungen auf den Balkonen waren um zwölf von den Schaltuhren ausgeschaltet worden. Nun war es wieder so gewöhnlich still und dunkel wie immer. Schwarze Fensterrechtecke an den gegenüberliegenden Fassaden – aber halt, genau gegenüber, hinter einem der Fenster, hob sich eine massige Gestalt vom Hintergrund ab. War das der alte Blöchliger? Ebenfalls schlaflos? Elsa hatte ihn während ihrer nächtlichen Gängen noch nie wahrgenommen.

Egal, noch eine Runde! In diesem Moment blitzte es drüben auf. Blöchliger hatte sich bewegt. Hatte er fotografiert? Tatsächlich, er hob ein schwarzes Ding vor das Gesicht, und erneut blitzte es. Was brachte ihren Nachbarn von gegenüber dazu, um drei Uhr nachts im Nachthemd am Fenster zu stehen und Fotos zu schiessen? Elsa kontrollierte ihr Négligé – da war ganz bestimmt nichts Aufreizendes zu sehen. Sie konnte er nicht gemeint haben. Aber immerhin, stellte Elsa fest, das bizarre Ereignis hatte einen guten Effekt gehabt: Die Krämpfe waren weg! Schnell zurück ins Bett – auch der alte Blöchliger war verschwunden.

Edi Braun sass am Küchentisch seiner winzigen Wohnung, in der Hand ein Messer, vor sich einen Stapel Briefumschläge und eine Tasse mit heissem Grog. Er war gerade zurückgekommen, vom Kirchturm hatte es drei Uhr geschlagen, draussen war es unwahrscheinlich kalt gewesen, auch in dieser Nacht wieder. Aber das gehörte nun einmal zu seinem Job. Und es hatte sich gelohnt!

Edi ging systematisch vor: Er schnitt Kuvert um Kuvert auf und stapelte alle wieder aufeinander. Dann zog er feierlich den Inhalt aus dem obersten Umschlag: eine glitzerübersäte Karte – Merry Xmas! Er klappte sie auf. Eine Zehnernote. Edi legte sie sorgfältig auf den Tisch, die Karte warf er in einen alten Plastiksack. Und so weiter: die Karten aus den Kuverts in den Abfall, die Beilagen, Zehner- und Zwanzigernoten, manchmal auch bloss ein Fünfliber, schön geordnet auf den Tisch.

Aber da, diese Frechheit: Einer der Briefe enthielt doch tatsächlich bloss eine christliche Segenskarte mit ein paar netten Worten: «… dem lieben und zuverlässigen Zeitungsausträger in grosser Dankbarkeit, Elsa Stuber, Lohstrasse 19.» Davon hatte man nun wahrhaftig nicht gelebt. Immerhin, viele andere Zeitungsabonnenten aus dem Quartier hatten sich grosszügig gezeigt. Auf dem Küchentisch hatte sich bereits eine ganz ansehnliche Summe zusammengeläppert.

Und hier nun noch ein besonders grosses und dickes Kuvert! Komisch, keine Weihnachtskarte. Aber ein Karton, darauf stand in grossen, signalroten Lettern: «Achtung!» Edi klappte den gefalteten Karton auf. «Stopp!», stand da, ebenfalls in Rot. Und dann kleiner: «Du schäbiger kleiner Gauner, schäme dich! Letztes Jahr habe ich es geahnt! Jetzt werde ich dich überführen! Mit fotografischen Beweisen! Morgen übergibst du an der Lohstrasse 19 die geklauten Spenden dem rechtmässigen Besitzer, wenn er die Zeitungen austrägt. Wenn nichts geschieht, melde ich dich bei der Polizei!» Ein grosses Ausrufezeichen. Keine Unterschrift.

Edi starrte mit offenem Mund und plötzlich heissem Kopf auf die überraschende Weihnachtsbotschaft. Das Geschäft war so gut gelaufen, und jetzt das! Was sollte er nur tun? Musste er sich fügen? Oder war der andere bloss ein Bluffer? Vielleicht. Vielleicht auch nicht. Edi wusste: Er konnte nichts riskieren, er war auf Bewährung. Wieder im Knast landen, das wollte er denn doch nicht.

In seiner Ratlosigkeit begann Edi die Geldscheine zu zählen. Aus den bisher geöffneten Umschlägen hatte er immerhin 380 Franken genommen. Wie gut er das brauchen könnte! Und wie leid es ihm tat, dass er das alles, und noch mehr, wieder hergeben musste. Er nahm den Karton mit der Warnung und wollte ihn in kleine Stücke zerreissen, aber er war zu dick, zu stabil. Darum schob er ihn wieder in den Umschlag, legte das ganze Geld dazu und verstaute alles zuunterst in der Besteckschublade. Dann zog er Mantel und Mütze wieder an, ging hinaus und fuhr mit seinem Mofa davon. Es war noch immer Nacht, vielleicht fünf Uhr, und es war noch immer bitter kalt. Edi fuhr planlos durch das Quartier, kein Mensch war unterwegs. Kaum ein Licht brannte in den Häusern. Von der Ringstrasse her hörte man den ersten Morgenverkehr. Aber da: Ein anderes Mofa näherte sich. Edi verschwand in einer Garageneinfahrt und stellte den Motor ab. Wenig später hielt der Zeitungsverträger, er stieg ab und legte auf beiden Strassenseiten die Zeitungen in die Briefkästen. Vorher griff er jeweils auf die Ablage, tastete, manchmal schaute er sogar in den Kasten. Nichts. Edi wusste, warum. Aber er fragte sich, warum der Mann dennoch vergnügt pfiff, wenn er weiterfuhr. Edi machte kehrt und fuhr zurück in seine Wohnung. Ums Pfeifen war es *ihm* nicht zumute.

Für den nächsten Morgen hatte er den Wecker auf halb fünf gestellt. Das war später als in den vergangenen Tagen. Elsa Stubers Wadenkrämpfe waren an diesem Morgen ebenfalls später erwacht. Sie war dankbar, dass sie diesmal so lange am Stück hatte schlafen können. Und jetzt halt doch noch die gewohnte Tour vom Schlafzimmer zur Wohnstube zur Küche und wieder zurück. Dazwischen ein Halt am Wohnzimmerfenster. Drunten auf der Strasse kam ein Motorrad gefahren und hielt an. Gewiss der Zeitungsverträger. Ob er sich wohl über ihre schöne Karte gefreut hatte? Aber sieh da, der alte Blöchliger war auch wieder am Fenster! Mit Fotoapparat? Jedenfalls hatte er auch diesmal irgendein Ding um den Hals gehängt.

Wieder war ein Motorrad zu hören, es näherte sich mit Unterbrüchen. Das war nun eindeutig der Zeitungsverträger. Vor ihrem Wohnblock hielt er länger als bei den anderen Stationen. Und waren da nicht Stimmen zu hören? Jetzt trat Blöchliger drüben auf seinen Balkon und beobachtete mit einem Feldstecher den Eingang der Nummer 19. Elsa öffnete leise ihr Fenster, beugte sich weit hinaus und sah zwei Männer mit Motorrädern, die miteinander diskutierten. Der eine war der Zeitungsverträger, vom anderen konnte sie nicht viel erkennen, so dick eingemummt war er. Sie besprachen etwas miteinander, ihre Stimmen wurden dabei immer lauter, aber Elsa konnte nichts verstehen. Ob die beiden Streit hatten? Da nahm der Unbekannte aus seiner Manteltasche einen grossen Briefumschlag und drückte ihn dem Verträger in die Hand. Dann ging das Gespräch weiter, nun ein blosses Gemurmel, und schliesslich stiegen die beiden Männer auf ihre Mofas und fuhren davon – bis zu den nächsten, dann zu den übernächsten Briefkästen. Elsa hatte kalt, aber der Krampf war weg, schnell zurück ins Bett. Blöchliger hingegen stand immer noch auf dem Balkon und beobachtete durch den Feldstecher, wie sich die zwei Mofas langsam entfernten.

Geschätzte 350 Wadenkrämpfe später fand Elsa Stuber auf ihrer Zeitung im Briefkasten eine bunte Weihnachtskarte. Sie las:

«Liebe Abonnentin, lieber Abonnent,
Ihre Zeitungsausträger wünschen Ihnen frohe Festtage und ein gutes neues Jahr. Wir teilen Ihnen mit, dass die Verträgerzentrale neben mir Edi Braun eingestellt hat, weil drei neue Überbauungen zu bedienen sind. Er ist im letzten Jahr durch mich eingeführt worden und hat auch schon Stellvertretungen gemacht. Wir werden alles tun, um Sie auch in Zukunft zufriedenzustellen.

Mit freundlichen Grüssen,
M. Sari, E. Braun»

SCHÄTZCHEN LEONIE

»Diese dumme Ziege!«
Remo sass in der Küche der Redaktion, die Kopfhörer in
den Ohren, und stierte auf seinen Laptop. Vom Bildschirm
lächelte ihm eine strahlende junge Frau entgegen, das gleiche
Gesicht, das gegenwärtig auch in allen möglichen Promi-Ma-
gazinen auftauchte: Leonie, das Schätzchen der Nation, und
bis vor ganz kurzem das Ziel von Remos Träumen. Mit viel
Aufwand und applaudiert von ständigem Eigenlob hatte er
einen Termin für ein Interview mit Leonie erhalten. Das würde
der grosse Weihnachtshit für die kleine Wochenzeitschrift, mit
deren eher biederem Erscheinungsbild Remo sich nur schwer
identifizieren konnte. Aber immerhin, er hatte hier als Redak-
tor einen einigermassen sicheren Arbeitsplatz, und wenn es
so weiterging, würde Remo das Blatt gewaltig aufpeppen. Der
Anfang war gemacht: eine Homestory mit dieser so erfolgrei-
chen und allgemein beliebten Sängerin.

Wenn es so weiterging ... Allerdings, im Moment zweifelte
Remo. Wie war es nur so weit gekommen? Er hatte sich doch
so gut vorbereitet, einen abwechslungsreichen, ja einen heis-

sen, aber auch weihnachtlich heimeligen Fragenkatalog zusammengestellt. Wie feiert Leonie? Mit wem? Familienbande? Gibt es eine «Schwiegerfamilie», die berücksichtigt werden muss? Festdekorationen und -menü? Was trägt Leonie beim Feiern? Abendrobe oder casual? Welche Musik? Die Wünsche und die Geschenke? Und wo kauft sie ein?

Remo hatte sich ausgemalt, wie er in der schriftlichen Übertragung des Gesprächs die Ausstrahlung, den Charme dieser jungen Frau zum Ausdruck kommen lassen würde, mit Zwischentexten zu ihrem Lächeln, ihren Bewegungen, vielleicht war ja auch ein kleiner Flirt möglich? Die Begegnung mit dem neuen Star würde ihn bei seinem Publikum – und darüber hinaus – selbst zu einem Star machen. Remo hatte sich für das Gespräch sorgfältig gestylt – vielleicht etwas zu sehr, aber er wollte nur ja nicht das alte Image des schlampigen linken Journalisten aufkommen lassen. Als er dann an der Tür von Leonies Elternhaus läutete (sie wohnte offenbar noch daheim, auch darüber gab es gewiss einiges zu reden), hatte er seine Aufregung gut im Griff gehabt. Leonie hatte ihn freundlich empfangen. «Einen Kaffee? Oder Cola?» «Lieber ein Glas Wasser, bitte.» Dann hatte er sein Material auf dem Couchtisch ausgelegt und war leicht und sicher ins Gespräch eingestiegen.

Und nun das. Jetzt sollte Remo die Aufnahmen transkribieren und zu jenem erträumten stimmungsvollen Text verarbeiten. Aber er konnte sich nicht aufraffen. Er wusste es ja: Es war eine absolute Katastrophe.

Remo riss sich die Ohrstöpsel weg. Der Wasserhahn liess Tropf um Tropf in die schmutzige Pfanne fallen, die – wahrscheinlich gestern, vielleicht auch vorgestern – von einem

Redaktionskollegen zum Einweichen in den Schüttstein gestellt worden war. Eine Katastrophe war das. Alles. Auch diese verdammte Küche, wo sich niemand für die Ordnung verantwortlich fühlte. Schmutziges Geschirr, angebrochene Packungen, verfaulte Mandarinen, abgestandenes Mineralwasser ... Remo hatte doch tatsächlich für seine Brausetablette zuerst ein Glas waschen müssen. Wütend klappte er den Laptop zu und schmiss den bereits verdorrenden Adventskranz, der auf dem Küchentisch zu viel Platz einnahm, in den Papierkorb.

«Was ist denn mit dir los?» Es war Heinz, immerhin Heinz, der Einzige von seinen Kollegen, den er im Moment vielleicht noch ertragen konnte. Heinz betrachtete besorgt zuerst den entnervten jungen Mann, dann das Küchenchaos und begann schliesslich entschlossen, auf der Abstellfläche Ordnung zu schaffen. «Kann ich dir irgendwie helfen?», fragte er, währenddem er die angebrannten Couscousreste vom Pfannenboden kratzte. Remo knurrte böse. «Dann tue ich halt hier etwas Gutes», sagte Heinz freundlich und liess heisses Wasser in den Spültrog laufen. Bedächtig wusch er die Gläser, die Teller, die Schüsseln, trocknete zwischendurch ab, wenn auf dem Abtropfbrett kein Platz mehr vorhanden war, und stellte das saubere Geschirr zurück auf die Tablare.

«Und jetzt?», fragte Heinz nach einer Weile: «Bist du etwa enttäuscht von deinem Starinterview?» Remo hatte sich ans Fenster gestellt und starrte auf den Hof; keine Antwort, nur ein wütendes Schnauben. Heinz nahm sich nun des verklebten Bestecks an. «Vielleicht kommst du weiter, wenn du ein wenig erzählst», sagte er.

«Scheisse, Scheisse, Scheisse!», zischte Remo. «Diese Leonie, nichts von dem, was sie von sich gegeben hat, ist brauchbar. Nichts, aber auch gar nichts!»

Heinz arbeitete gelassen weiter. «Was hat sie denn gesagt?»

«Sie hat von Weihnachten gesprochen!»

«Aber das wolltest du doch, du hast die ganze Zeit davon geschwärmt!»

«Aber doch nicht so!»

«Wie – so?»

«Sie hat mir von Weihnachten erzählt, das ganze alte Zeugs, stell dir vor. Diese Grossmuttergeschichten. Aber ich wollte doch wissen, was sie schenkt, was sie essen, welcher Wein, wie sie sich anziehen, ob sie der Mutter beim Backen hilft ...»

«Und ob sie dabei ihre Schnulzen singt?», ergänzte Heinz grinsend.

«Das war mir gar nicht in den Sinn gekommen», sagte Remo verdattert. «Aber anyway, ich bin gar nicht dazugekommen, sie hat gleich sofort, bei meiner ersten Frage, mit dieser Josefundmariageschichte angefangen. Sie bekam ganz rote Backen und leuchtende Augen, ich glaube, es war ihr wirklich ernst! Du, die ist fromm, stinkfromm – das kann ich doch nicht bringen!»

«Und warum denn nicht?»

«Herrgott, weil ich nicht fromm bin, und weil ich nicht will, dass man meint, ich sei fromm!»

«Nun halt einmal!» Heinz suchte im Schrank ein frisches Geschirrtuch, um die letzen Gläser zu polieren. «Geht es um dich? Oder geht es um sie?»

«Es geht darum, dass wir in unserem Blatt keinen solchen Schwachsinn bringen können.» «Und was genau meinst du mit Schwachsinn? Die Weihnachtsgeschichte, die du wieder einmal erzählt bekommen hast? Ganz schwachsinnig kann sie ja wohl nicht sein, angesichts ihres Alters, ihrer Überlieferungsgeschichte und der dazu entstandenen Sekundärliteratur. Oder findest du das, was Leonie dazu gesagt hat, schwachsinnig? Ihre Liedtexte sind ja tatsächlich nicht gerade literarisch hochstehend ...»

Remo schwieg. Heinz trocknete nun noch die Küchengeräte ab und versorgte Pfannen und Vorräte. «Ich weiss gar nicht mehr, was genau sie gesagt hat», gab Remo schliesslich kleinlaut zu. «Ich war dermassen überrumpelt. Währenddem sie redete, suchte ich ständig nach Fragen, die sie auf den rechten Weg bringen könnten. Aber sie gab mir keine Chance. Wenn ich mich räusperte, wenn ich sie zu unterbrechen versuchte, in diesem Fall natürlich ganz höflich, dann schaute sie mich lieb an und sagte: ‹Oder nicht?› Und dann fuhr sie freudig fort ...»

«So», unterbrach ihn Heinz. «Wenn das so ist, stöpselst du dir jetzt die Kopfhörer in die Ohren und überträgst schlicht und einfach diese ‹Predigt› in deinen Laptop. Erst dann kannst du überhaupt beurteilen, ob der Inhalt brauchbar ist oder nicht. Dass du nicht fromm sein willst, ist nicht Grund genug für ein so negatives Urteil.»

«Das geht nicht, ich halte es gar nicht aus, das alles nochmals anhören zu müssen. Aber – ich könnte vielleicht selbst ihre Antworten auf meine Fragen formulieren. Das tönt bei den Promis ja immer etwa gleich. Natürlich kann ich es dann nicht als Interview laufen lassen, aber ein nettes Porträt gäbe es wohl doch noch, mit Glamour und Glitzerstimmung, wie es die Leute gern haben.»

«Bei allen Promis etwa gleich! Du bist ja wirklich blöd», rief Heinz, halb belustigt, halb empört. «Da redet nun endlich eine von etwas ganz anderem als dem, was man erwartet und was dermassen langweilt. Von etwas für dich offenbar völlig Überraschendem und Fremdem. Und du willst ein Porträt daraus machen, wie es jetzt jede Woche in jedem Blatt steht? Bist du denn von allen guten Geistern verlassen? Das ist doch deine Chance! Etwas ganz und gar Neues – die Weihnachtspredigt einer Sängerin!»

Remo starrte Heinz entgeistert an. «Versuch's doch wenigstens», redete der ihm zu. «Jetzt schreibst du alles auf und dann schaust du, wie du den Text glaubwürdig gestalten kannst.»

Remo kratzte sich an den Ohren: «Meinst du wirklich?»

«Ja, aber sicher!»

«Bist du denn auch fromm?», fragte Remo verstört.

«Aber sicher», lachte Heinz, «nur hast du mich noch nie danach gefragt. Jetzt, beim Gegenlesen könnte es durchaus praktisch sein, wenn der Kollege in der behandelten Materie gewisse Vorkenntnisse hat.»

«Du würdest mir also helfen?»

«Gern, und schon jetzt sage ich dir voraus: Das wird ein Hit – das Gespräch zwischen einem jungen smarten Heiden und einer schönen jungen Frau, die ihm Weihnachten erklärt. So etwas wollen unsere Leute lesen – nun mach schon!»

PFADIWEIHNACHT –
DIE GEGENVERANSTALTUNG

Treffpunkt Samstag, 18 Uhr, beim Schulhaus. Schon lange vor sechs war vom Pausenplatz her Schreien und Gelächter zu hören. Allerdings nicht unbedingt Töne, wie man sie für die Einstimmung auf die Pfadfinder-Waldweihnacht hätte erwarten dürfen. Für Besinnlichkeit war der Übermut der Kinder ganz offensichtlich zu gross.

Treffpunkt Samstag, 18 Uhr, beim hinteren Friedhoftürchen. Dort kamen die Pfadi-Verächter zusammen, allerdings eine sehr viel kleinere Gruppe. Aber stolz und aufrecht, und mit einem schnöden Lächeln nahmen sie den Tumult, der vom Schulhaus her zu hören war, zur Kenntnis. Hier fand die Gegenveranstaltung statt. Und wenn die von dort drüben das nicht wussten, umso besser. Eigentlich war es ihnen auch gar nicht so ernst mit ihrer Verachtung, sie war mehr eine Folge der Umstände: Es waren die Eltern, denen die Pfadi nicht passte.

«Meine Mutter ist fast übergeschnappt», hatte Sam erzählt. «Sie fand es die grösste Frechheit, dass sie mir den Namen Mohrenkopf gaben. Ich dürfe mir das nicht bieten lassen. Sie sei schliesslich stolz, einen Sohn zu haben, der von amerikanischen Sklaven abstamme.» Sam verdrehte die Augen, seine Mutter war manchmal peinlich. Aber wenn sie so stolz auf ihn war, wie konnte er sich da widersetzen? Ausserdem wusste sich Sam mit seinem Freund Bruno und dessen frecher kleiner Schwester Rita auch ohne Pfadi gut zu unterhalten. Die beiden waren die Kinder des Friedhofgärtners, und der war der Meinung, Pfadfinder, das sei etwas für die Sprösslinge der Mehrbesseren, seine Kinder hätten dort nichts zu suchen. Er hatte aber nichts dagegen, wenn sie auf dem Gelände rund um die Kirche ihre eigenen Abenteuer organisierten, solange es keine Reklamationen gab.

Der Friedhof neben der Kirche war zwar im vorderen, im genutzten Teil sehr ordentlich, wie es sich gehörte, aber hinten, bei den alten und verlassenen Gräbern luden geheimnisvolle Plätzchen und Schlupfwinkel zu Inszenierungen aller Art ein. Da gab es ein Gefängnisloch fürs Räuber-und-Poli-Spiel, bröckelnde Mauern für Ritterszenen, versteckte Löcher, die als Schatzkammern dienen konnten. Hier bewahrte Rita die Kostbarkeiten auf, die sie auf dem Abfallhaufen gefunden hatte: Kunstblumen, Perlenschnüre und Kranzschleifen mit gedrehten Fransen und goldenen Buchstaben, Kerzenreste in Messinghaltern, Kugeln und vergoldete Samenkapseln von Trockenblumengestecken.

Und jetzt sollten diese Schätze ihren grossen Auftritt haben, Friedhof- statt Waldweihnacht! Rita, Bruno und Sam beobachteten im Schatten der Friedhofmauer, wie sich das Trüpplein Pfadfinder Richtung Niederholz entfernte. Dann schlichen sie sich nach hinten in den «Urwald», wie sie es nannten. Der Friedhofgärtner hatte mit Billigung der Kirchenpflege eine

Hecke stehen lassen – oder besser ein dichtes kleines Wäldchen, das den Wildtieren Lebensraum bot. Ganz in der Nähe,
zwischen zwei uralten Familiengräbern, stand eine Zypresse, nicht viel grösser als die Kinder – und sie war nun zum
Weihnachtsbaum auserkoren. Rita holte ihre gesammelten
Schmuckstücke aus der Schatzkammer; Bruno schnitzte Kerzenstummel zurecht, und Sam passte sie in selbstgebastelte
Kerzenständer ein. Das alles war keine einfache Sache, denn
sie hatten nur die Laterne mit dem kleinen Rechaudlicht bei
sich, die sie von einem Grab hatten mitlaufen lassen. Immerhin erleuchtete auch noch eine Strassenlampe jenseits der
Friedhofmauer den Schauplatz ein wenig. So war denn nach
etlichem Geknorz und unterdrücktem Schimpfen das Werk
vollendet. Die Kerzen an der Zypresse liessen die farbigen
Kugeln, die Goldbuchstaben von den Kranzschleifen, Fran-
senbänder und Glitzerfäden in schönstem Glanz leuchten.

Aber jetzt, was gehörte denn sonst noch zu einer Wald- oder
einer Friedhofweihnacht? Singen? Aber sicher nicht eins jener
blöden Pfadilumpenlieder! Ein Kirchenlied? Doch lieber nicht.
Vielleicht die Internationale? Der Vater sang sie Bruno und Rita
manchmal vor, ganz sicher jedes Jahr am 1. Mai. Aber Sam fand
das für Weihnachten unpassend. Ein Gospel müsse es sein:
«Das haben meine Vorfahren in der Sklaverei gesungen – ihr
kennt auch einen, ich weiss es, den singen wir in der Schule,
und es ist ein Weihnachtslied: ‹Go, tell it on the mountain› ...»
Sam summte die Melodie, etwas zögernd, was die Tonfolge
anging, aber sicher im Rhythmus.

«Und die Worte?», fragte Rita.

«Die sind englisch, wart mal ... » Er versuchte es von neuem,
beschränkte sich dann aber auf ein entschlossenes Lalala,

begleitet von rhythmischem Klatschen. Da, auf einmal setzte eine Bassstimme ein, sie kam aus dem Dunkel hinter ihnen und liess die Kinder erschrocken zusammenzucken. Sie drehten sich um. Ein junger Mann hatte sich ihnen genähert, er sang aus vollem Hals und schnippte im Takt mit den Fingern. Nach der ersten Strophe rief er: «Los, singt mit, es ist ja wirklich nicht schwer!»

Die Kinder stimmten ein, sie hatten sich schnell von ihrem Schrecken erholt – das war Ruedi, der Sohn des Sigrists, der nur noch übers Wochenende ins Dorf heimkam. Der war in Ordnung. Jetzt, zu viert, tönte das Lied so frisch und kräftig, dass Rita um den Baum zu tanzen begann. Und noch einmal und noch einmal. Bis die meisten Kerzenstummel abgebrannt und die Stimmen heiser waren. Es wurde still. Sie beobachteten, wie ein Docht nach dem anderen verlöschte. Wie wenn er sterben würde, dachte Rita.

«Wisst ihr eigentlich, was das Lied bedeutet?», fragte Ruedi schliesslich.

«Ja, das haben schon meine Vorfahren gesungen: ‹Geht auf den Berg und ruft, dass Jesus geboren ist!›»

«Und jetzt singen wir also das Lied deiner Vorfahren bei den Gräbern unserer Vorfahren», sagte Ruedi nachdenklich. «Das ist doch schön, gerade für Weihnachten. Es zeigt, dass wir alle zusammengehören.»

Sie schwiegen, die letzten Kerzen verlöschten, auf einmal spürten sie die Kälte. Und doch war es gut hier, überhaupt nicht unheimlich. «Aber», sagte Bruno schliesslich zu Ruedi, «warum bist du denn hier?» Ruedi gab keine Antwort, er starrte ins Dunkel, ganz traurig sah er auf einmal aus. Was war los, hatte er etwas Falsches gesagt?

«Ich wollte dich nicht beleidigen», sagte Bruno schnell, «sorry, sorry, sorry.»

«Nein, das hast du auch nicht getan», antwortete Ruedi, «im Gegenteil, ich bin froh, dass ich euch getroffen habe. Ich habe mich nämlich vor Weihnachten gefürchtet.» Die Kinder schauten ihn bestürzt an? Dieser starke junge Mann mit der tiefen Stimme? Er hatte sich gefürchtet? Und gab es zu.

«Wisst ihr», fuhr Ruedi fort, «ich war etwas weiter vorne am Grab meiner Mutter. Sie ist vor einem halben Jahr gestorben, ihr habt sie ja gekannt. Sie hat immer alles so schön gemacht, für Weihnachten, und überhaupt, auch in der Kirche. Und jetzt ist sie nicht mehr da – und alles andere auch nicht mehr. Sie fehlt uns so. Ich komme deswegen gar nicht mehr gern heim. Aber ich kann meinen Vater ja auch nicht allein lassen.»

Nach einem Moment fuhr Ruedi fort: «Heute war zu Hause alles so himmeltraurig, und ich hatte keine Ahnung, was ich tun könnte. Darum ging ich weg, an ihr Grab. Ich habe dort eine Kerze angezündet, aber das machte es nicht besser. Da habe ich etwas gehört, ganz schwach, eben das Lied von Sam. Mir war, wie wenn meine Mutter es mir geschickt hätte. Wie wenn sie euch zu mir geschickt hätte ...»

Die Kinder schwiegen. Dass er so redete. Dass er das zugab. War das peinlich? Eher nicht. Traurig schon, aber auch gut.

«Kommt, wir singen nochmals», sagte Ruedi. «Und dann gehen wir zu meinem Vater, heim an die Wärme. Dort gibt's heissen Punsch. Und einen Lebkuchen hat es auch, ich habe einen aus der Stadt mitgebracht. Kommt, es wird uns allen guttun. ‹Go, tell it on the mountain›!»

HUG HEIZUNGEN

«Hug Heizungen – guten Tag, hier ist Madeleine Hug, was kann ich für Sie tun?» Madeleine wusste nur zu gut, dass sie wohl nichts tun könnte für die Frau oder den Mann am anderen Ende der Leitung. Es war mindestens der zehnte Anruf heute. Über Nacht waren die Temperaturen extrem gesunken, das hatte offenbar einige Heizungen am Ort überfordert. Und das ausgerechnet heute, am 24. Dezember, wo sie sich auf einen ruhigen Heiligabend ganz allein mit ihrem vielbeschäftigten Mann gefreut hatte. Die Angestellten hatten frei genommen, das war beim Telefondienst auch kein Problem. Aber der Monteur war nach Hause in die Türkei geflogen. Paul, Madeleines Mann, würde also in den nächsten Tagen allein den ganzen Service bewältigen müssen.

Und jetzt dieser Kälteschock. Auch der neuste Anruf war eine Pannenmeldung, und sie wurde begleitet von wüsten Beschimpfungen. Der Mann am Telefon zeigte kein Verständnis dafür, dass Madeleine nicht zu sagen vermochte, wann genau der Schaden an der Moosstrasse 31 behoben werden könne; dass der Chef seit dem frühen Morgen pausenlos unterwegs war, interessierte den frierenden Anrufer nicht. Als seine Empörung kein Ende nehmen wollte, legte Madeleine den Hörer auf den Tisch und nahm den anderen Anruf an, der inzwischen eingetroffen war. Auch da: Ein kaltes Haus, diesmal war es die Villa am Rainweg, wo Herr Braun, dieser absonderliche Junggeselle, wohnte. Absonderlich gewiss, aber sicher höflicher als Herr Schmid von der Moosstrasse. Madeleine erklärte die schwierige Situation, sie versprach, ihr Möglichstes zu tun und sich auf jeden Fall wieder zu melden. Die zornige Stimme aus dem anderen Hörer war inzwischen verstummt, Madeleine notierte die Adressen der beiden Anrufer und versuchte, auf der Notfallliste Prioritäten zu setzen: Zuerst war sicher das Mehrfamilienhaus im Breitequartier dran. Dann könnte Paul dort auch gleich noch bei der jungen Familie vorbeigehen, die im gleichen Viertel wohnte, in einem kleinen, windschiefen Häuschen, das bestimmt sehr schlecht isoliert war. Weiter waren da noch Frau Keller, die allein in einem grossen Haus wohnte, und die ausgebaute Baubaracke am Haldenweg ...

Madeleine wollte gerade die Handynummer von Paul einstellen, um mit ihm die Abfolge, die sie sich zurechtgelegt hatte, zu besprechen, da läutete schon wieder das Telefon. «Ich bin Elio Costanzo», meldete sich die Stimme aus der Leitung. «Sie müssen nicht erschrecken, unsere Heizung funktioniert! Aber ich habe einen Vorschlag: Wir sind eine WG am Drosselweg. Und heute sind wir ein wenig verwaist, weil ein paar von uns nach Hause gefahren sind. Wir haben vorhin Ihren Mann auf dem Parkplatz getroffen, er war gerade auf dem Sprung zu unseren Nachbarn und hat gesagt, er sei pausenlos unterwegs, um Pannen zu beheben. Da haben wir uns die Leute vorgestellt, die in einer kalten Wohnung sitzen, ausgerechnet heute! Und jetzt haben wir einen Vorschlag: Wir könnten drei oder auch vier Leuten für heute zum Feiern eine warme Stube anbieten. Was meinen Sie dazu?»

Madeleine musste sich zuerst einmal fassen. Das war nun wirklich ein Kontrastprogramm zu all den anderen Anrufen. «Das ist ja unerhört lieb von Ihnen», sagte sie dann, «richtig weihnächtlich. Wir haben wirklich viele Pannen gemeldet bekommen, aber ich muss mir zuerst überlegen, wer da am meisten profitieren könnte. Ist es Ihnen recht, wenn ich die entsprechenden Leute anfrage und mich dann wieder bei Ihnen melde? Aber schon einmal vielen Dank!»

Gemeinsam mit Paul ging sie dann am Telefon die Liste durch: Die Familie mit den kleinen Kindern? Da würde Paul wohl noch innert nützlicher Frist die Reparatur durchführen können. Aber der umgängliche Herr Braun aus der Villa. Und warum nicht Frau Keller? Und das Paar aus der Baubaracke? Das würde wohl am besten in eine WG passen. Aber, so erfuhr Madeleine, als sie diese Nummer einstellte, die beiden hatten beschlossen, sich bei den Eltern in der Nachbargemeinde aufzuwärmen, die hätten, so sagten sie, richtig Freude, dass die Jungen an Weihnachten aufkreuzen würden.

Madeleine rief nun Herrn Braun aus der Villa an; er lachte herzlich über den Vorschlag, das sei eine wunderbare Idee, er melde sich gleich selbst bei der WG und werde eine gute Flasche Wein aus dem Keller mitbringen – wenn der nur nicht eingefroren sei ...

Und Frau Keller, die kinderlose Witwe? Ihre Stimme klang verfroren und verzagt, als sie Madeleines Anruf abnahm. Zu fremden Leuten? Junge in einer Wohngemeinschaft? Was das denn sei? Und was die denn wollten? Sie müsse es sich noch überlegen ...

Und da war doch noch dieser Unflat, Herr Schmid, der Madeleine am Telefon beschimpft hatte, wie wenn sie persönlich seine Heizung sabotiert hätte. Konnte sie den liebenswürdigen jungen Leuten einen solchen Grobian zumuten? Aber es war Weihnachten, vielleicht würden Freundlichkeit, Fröhlichkeit und vor allem Wärme gerade ihm guttun?

Der überraschende Vorschlag der WG hatte Madeleines Stimmung gehoben. Sie stellte die Nummer der Schmids ein. «Herr Schmid», sagte sie schnell, nachdem sie sich gemeldet hatte: «Mein Mann kann heute unmöglich noch zu Ihnen kommen.» Sie hörte schon, wie der Mann am Telefon Luft schnappte und loslegen wollte. «Aber», sagte sie schnell, «wir können Ihnen einen guten Vorschlag machen, nämlich eine warme Stube bei netten Leuten, die Sie einladen.» «Wie bitte?», Herr Schmid war offensichtlich verwirrt, setzte aber schon wieder zum Reklamieren an. «Bitte bleiben Sie ruhig», sagte Madeleine, «Sie haben Glück, denn weil heute Weihnachten ist, sind die meisten Menschen freundlich gestimmt und möchten einander etwas zuliebe tun. Auch Ihnen. Nehmen Sie das an. Es ist doch besser als Kälte und Ärger!» Ich rede ja wie ein Pfarrer, dachte Madeleine, aber warum auch nicht? Wenn ich diesen Schmid doch nur überzeugen könnte!

Und tatsächlich, nach etlichem Hin und Her und einem zusätzlichen Gespräch mit Frau Keller konnte sie die WG anrufen: «Es kommen noch drei andere Leute: Frau Keller, etwa 75, sie wohnt allein, und Herr und Frau Schmid. Er ist zwar ein Polterer, aber die Kälte hat ihn mürbe gemacht, und seine Frau wird unglaublich dankbar sein! Und ich bin es auch, es ist wirklich sehr lieb von Ihnen allen! Ich wünsche euch einen gelungenen Abend! Aber noch etwas: Wenn mein Mann mit den Reparaturen fertig ist, kommt er bei Ihnen vorbei und holt Frau Keller ab. Dann kann er bei ihr zu Hause noch ihre Heizung anschauen.» «Halthalt!», sagte da Elio am Telefon, «Wenn Ihr Mann den ganzen Abend unterwegs ist, dann kommen Sie doch auch zu uns, und wenn er fertig ist mit seiner Tour, feiert auch er mit uns weiter.» «Nein, nein danke», wollte Madeleine schon sagen. Weihnachten bei Unbekannten? Sicher nicht! Aber was hatte sie vorher dem unzufriedenen Herrn Schmid gepredigt? Und was sollte sie so allein in ihrem zwar warmen Haus? Auf weitere Pannenmeldungen warten? Die würden sie auch auswärts erreichen. Sie schluckte und sagte dann: «Gut, ich komme, danke! Aber fangen Sie mit Ihrem Programm an, falls Sie eins haben. Ich weiss nicht, wann ich das Büro verlassen kann.»

Es war halb neun geworden, als Madeleine an der Tür der WG läutete. Von drinnen war Musik zu hören, Musik, die offenbar die Hausglocke übertönte. Nach dem zweiten erfolglosen Versuch polterte Madeleine an die Türe, eine junge Frau öffnete: «Sind Sie Frau Hug? Ich bin Flurina, es tut mir leid, dass wir Sie nicht gehört haben!» Währenddem Madeleine im Gang ihren Mantel auszog, hörte sie vergnügtes Stimmengewirr; sie atmete auf. Der alte Schmid hatte offensichtlich seinen Ärger überwinden können. Als sie das Wohnzimmer betrat, bot sich Madeleine tatsächlich ein erfreuliches Bild. Ein paar Kerzen, in Mandarinen gesteckt, brannten, aber da war kein Weihnachtsbaum, kein Flitter, kein Geschenkberg. Auf dem Tisch einfaches Geschirr, Gläser und ein grosser Topf. Darum

 herum sassen fünf junge Menschen, drei Mädchen, zwei Burschen, und vier ältere, und im Kerzenschein sahen sie alle fröhlich und zufrieden aus. Ein älterer Mann, es musste Herr Braun sein, griff in die Tasten eines Akkordeons und die andern stimmten ein, als sie die Melodie erkannten: «O du fröhliche»...

Madeleine musterte die Tischgemeinschaft: Da hatte sich doch tatsächlich ein Wunder ereignet seit den Anrufen vom Nachmittag. Frau Kellers Stimme war zwar nicht zu vernehmen, aber sie sang, und gewiss nicht so zittrig und verzagt, wie sie sich am Telefon gemeldet hatte. Die Frau neben ihr, ganz offensichtlich Frau Schmid, war klein und dünn und wahrscheinlich meistens ziemlich eingeschüchtert neben einem so lauten Ehemann. Aber jetzt strahlte sie. Und der «böse Herr Schmid» hatte ganz offensichtlich seine gewohnte Rolle des Haustyrannen vergessen. Denn die drei Mädchen am Tisch feuerten ihn zu Höchstleistungen an: Er sang wie ein Gockel, der die Aufmerksamkeit seiner Hühner gewinnen will.

Als zwei Stunden später auch noch Paul Hug eintraf, hundemüde, aber zufrieden mit seinem Reparaturparcours, da gehörte auch Madeleine schon längst zur fröhlichen Gemeinschaft am Tisch und wusste Bescheid über die vielfältigen Weihnachtstraditionen von Gastgeberinnen und Gästen – 20 Sorten Guetzli bei Frau Keller – am Strand einen Plastikbaum aufstellen bei der WG-Bewohnerin Sandy aus Australien – oder die Weihnachtsgeschichte in fünf Sprachen aufsagen, wie es in Berts holländischer Familie der Brauch war. «Kannst du uns das nicht vorführen?», fragte Sandy. «Ich könnte zumindest die englische Fassung versuchen.» Tatsächlich, Bert brachte seinen holländischen Text einigermassen zusammen, Sandy ebenfalls, Madeleine versuchte es auf Deutsch, für Italienisch und Französisch hatte man Fassungen im Internet gefunden, und Elio und Herr Braun stellten sich als Lektoren zur Verfügung. Und am Schluss erklärte Elio, die WG wolle es nicht machen wie die Hoteliers von Betlehem und frierende Leute in der Kälte übernachten lassen – die Zimmer der abwesenden WG-Bewohner stünden den Gästen zur Verfügung. Frau Keller zögerte und war froh, als Paul Hug ihr versprach, sie nach Hause zu fahren und die Heizung wenn möglich noch an diesem Abend in Betrieb zu bringen. Herr Schmid, auch wenn ihm die Gesellschaft der jungen Frauen überaus gefiel, meinte nun doch, und zwar ohne seine Frau vorher konsultiert zu haben, so kalt sei es bei ihnen auch wieder nicht, sie hätten sich jetzt ja gut aufgewärmt, dank Freund Brauns exzellentem Wein, sie würden also heimgehen, sich mit Bettflaschen ausrüsten und morgen den Service von Paul Hug erwarten. Herr Braun jedoch freute sich auf das bevorstehende Abenteuer: eine Weihnachtsnacht in der Jugendherberge! Noch einmal erklang das «O du fröhliche», dann zogen die Gäste, in ihre Mäntel eingemummelt, davon, begleitet von Akkordeonklängen und Abschiedsrufen aus den Fenstern der WG.

DER BANKUNFALL

Wenn seine Haustür ein Guckloch gehabt hätte, dann hätte Max Pfister wohl nicht geöffnet. Aber ein Pfarrhaus soll allen offen stehen und darum undurchsichtige Türen haben. Im Grundsatz und rein theoretisch ist Max diese Regel heilig. Aber wenn am 24. Dezember um ein Uhr mittags die Hausglocke läutet und die Predigt für den Abend noch nicht wirklich fertig ist, dann wäre es wohl gescheiter, überhaupt nicht zu reagieren. Nur – man kann nie wissen, ob da nicht das Rägeli von der Rüti mit einer Rauchwurst oder einem Zopf vor der Tür steht oder der Gemeindepräsident mit einer Flasche Roten ein frohes Fest wünschen möchte.

Aber nein, es war Max sofort klar: Dieser Besuch wollte nichts bringen, sondern etwas haben. Als er die schwere Haustür öffnete, starrten ihn nämlich vier blitzende Augen an: Zwei gehörten einer älteren Dame mit Hut, zwei einem wilden Tier, das in Form eines Pelzes um den Hals der Besucherin geschlungen war.

O je, die Frau Böuz, seufzte er innerlich. «Frau Böuz», das war der Übername, unter dem das eher mühsame und aufsässige Gemeindeglied im Pfarrhaus bekannt war. Grund dafür war dieses Prachtsstück von einer Stola, Frau Blums ganzer Stolz, auf den sie bei jeder Gelegenheit hinwies: «Mi Böuz, mi Böuz!», so ahmten sie die Pfarrerskinder jeweils nach. Sie heimsten damit einen strengen Blick und ein nachsichtiges Augenzwinkern der Eltern ein, sie verstanden es ja: Die Jungmannschaft rächte sich nun eben, nachdem sie in zarten Jahren immer wieder durch das starre Pelztier mit den bösen Äuglein und den spitzen Zähnen erschreckt worden war.

«Frau Blum, was führt Sie denn heute hierher?» Max Pfister fragte höflich und möglichst leutselig. «Ich muss noch auf die Bank. Können Sie mich fahren?», kam als klare Antwort. «Nein», wollte Max mit ebensolcher Klarheit entgegnen. Er hatte ja allen Grund, dieses Ansinnen zurückzuweisen. Aber er wusste auch: Es hatte keinen Sinn. Lieber das Ganze möglichst schnell hinter sich bringen. Er konnte ja die beiden Besuche im Altersheim in der Stadt vorziehen und sich dann am frühen Abend nochmals an die Predigt machen. «Gehen Sie schon einmal zum Auto», sagte er. «Ich gebe noch meiner Frau Bescheid und hole ein paar Sachen und den Mantel.»

Als er zehn Minuten später in die Garage kam, schaute Frau Blum demonstrativ auf die Uhr. Er öffnete ihr galant die Autotür, half ihr beim Einsteigen und legte die Geschenke für die Gemeindeglieder im Altersheim auf den Rücksitz.

Das Auto fuhr nun auf die Landstrasse, bis zur Stadt waren es gute zehn Minuten. Max fühlte sich verpflichtet, ein Gespräch aufzunehmen. «So», fragte er spassend, «haben Sie so viel in Geschenke investiert, dass Ihnen das Geld ausgegangen ist?» «Das geht Sie nichts an, Bankgeheimnis!», fauchte die Alte, und das Max zugewandte Auge des Fuchses blitzte böse auf.

Blas mir doch in die Schuhe, dachte Max und konzentrierte sich auf die Strasse.

Als sie sich der Stadt näherten, fragte er: «Und, wo kann ich Sie abladen? Oder steht auch das unter dem Bankgeheimnis?»

«Kantonalbank», antwortete Frau Blum barsch.

«Dann steigen Sie dort aus. Ich mache inzwischen Besuche im Altersheim, das ist ja in der Nähe, und wenn Sie fertig sind mit Ihren Geschäften, kommen Sie dorthin und warten in der Cafeteria. Gut so?» Frau Blum nickte.

Wenig später hielt Max vor der Kantonalbank an. Er stieg aus und öffnete seiner Mitfahrerin die Tür. Die Handtasche unter den Arm geklemmt, kletterte Frau Blum aus dem Auto und strebte mit hastigen Schritten zum Eingang. Etwas zu schnell – sie stolperte über den Trottoirrand … Max reagierte augenblicklich, er packte sie am Arm, aber sie fiel dennoch der Länge nach hin und riss ihn mit. Ein Schrei, ein immerhin nicht allzu hartes Aufschlagen auf dem Pflaster, Max richtete sich auf, die alte Frau lag neben ihm auf dem Boden, Blut floss ihr aus der Nase, Passanten drängten sich um die beiden. «Kann ich helfen?», fragte eine Frau, «ich bin Krankenschwester.» Sie beugte sich über Frau Blum, drehte sie zur Seite und half ihr dann, zusammen mit Max, aufzustehen und auf einem Mäuerchen vor der Bank Platz zu nehmen. Dann nahm sie ein grosses weisses Taschentuch aus ihrer Handtasche und drückte es gegen Frau Blums blutende Nase. «Schön den Kopf nach hinten beugen, dann hört das Bluten bald auf», tröstete sie. Frau Blum gehorchte, erstaunlich brav, fand Max, und dabei rutschte ihr der Hut vom Kopf; der Fuchs bleckte seine Zähne auf dem schwer atmenden Busen.

Die Helferin kontrollierte den Puls und tastete Arme und Beine ab: «Sie haben Glück gehabt, ich glaube es ist nur das

Nasenbluten und ein paar Schürfungen am Gesicht und an den Händen. Ich kann Sie mit Ihrem Begleiter allein lassen, ich muss nämlich auf den Zug – alles Gute!» «Machen Sie nur», ermunterte sie Max, «vielen Dank für Ihre Hilfe, wir warten jetzt noch ein paar Minuten, und dann bringe ich sie zum Arzt.»

Kaum war die Helferin weggegangen, packte Frau Blum ihre Handtasche, stand energisch auf und wandte sich dem Eingang zur Bank zu. «Halt», rief Max, «was tun Sie da?» «Geld holen», zischte sie und drückte dann wieder das Taschentuch an ihre Nase. «Das geht nicht», rief Max, «wenn Sie in diesem Aufzug hineingehen, meinen die da drin, es sei ein Überfall! Zuerst müssen Ihre Verletzungen im Gesicht behandelt werden.»

Frau Blum blieb irritiert stehen. «Aber ich brauche doch Geld!»

«Das können wir später irgendwie beschaffen, kommen Sie jetzt, steigen Sie ein!»

Als Max Frau Blum auf dem Autositz anschnallte, riss sie plötzlich das Taschentuch von der Nase und rief entsetzt: «Mi Böuz, mi Böuz!» Ja, das war tatsächlich ein grausamer Anblick: Die Stola war bekleckert, einzelne Pelzsträhnen waren mit Blut verklebt.

«Es tut mir leid, dass Ihr schönes Stück so gelitten hat», sagte Max kleinlaut, «aber das kann man sicher wieder in Ordnung bringen. Der Fuchs hat ja wohl schon zu seinen Lebzeiten Blut gerochen ... Wir fahren jetzt ins Altersheim. Dort hat es ein medizinisches Ambulatorium, sicher kann man Sie dort verarzten.»

Fünf Minuten später führte Max seinen lädierten Schützling ins Notfallzimmer des Seniorenzentrums. Die Türe war mit Tannenzweigen und Kugeln geschmückt, auf dem Tisch brannten die vier Kerzen des Adventkranzes und hinten im

Halbdunkel bewegte sich eine weisse Gestalt. Ein Weihnachtsengel? Aber seine Flügel wuchsen nicht aus dem Rücken, sondern aus dem Kopf! Nun gut, in normalen Verhältnissen hätte
Max das schnell als eine Diakonissenhaube identifiziert. Aber
jetzt kam ihm dieses so eingerahmte freundliche Gesicht wirklich wie ein Bote vom Himmel vor. Die Augen der Schwester
strahlten – und ihre Stimme! «Bekomme ich Besuch?», fragte
sie liebenswürdig und betrachtete den Aufzug von Pfarrer und
Frau mit Pelz, wie wenn es die Vorboten der Weisen aus dem
Morgenland wären.

Innert kürzester Zeit hatte die Schwester, die im Ambulatorium Dienst tat, nicht nur den Pfarrer von seinen Sorgen
befreit, sondern auch, was gewiss bedeutend schwieriger war,
das Herz von Frau Blum gewonnen. Max erzählte der Schwester
mit dem poetischen Namen Alma, was passiert war. «Wäre es
wohl möglich, dass Sie sich um Frau Blum kümmern?» Dann
könne er unterdessen Herrn Spörri und Fräulein Luginbühl,
seine Gemeindeglieder, besuchen und nachher Frau Blum, erholt und gut versorgt, wieder mit nach Hause nehmen. «Natürlich», sagte Schwester Alma, und für einmal waren sich Pfister
und sein so spezielles Gemeindeglied einig: welch gütige Frau!

Otto Spörri hatte zeit seines Lebens mit seinem Bruder Willi
einen kleinen Bauernhof bewirtschaftet, viel gewerkt, wenig
verdient und noch weniger geniessen können. Als Willi starb,
musste Otto den Betrieb aufgeben, jetzt lebte er in einem kleinen Zimmer im Altersheim – und kam sich, umsorgt von den
Diakonissen, wie ein König vor. Max freute sich auf den Besuch
bei ihm und auch auf Fräulein Luginbühl. Sie war ihm fast wie
eine Freundin, heiter, zufrieden, immer interessiert am Leben

ihrer Mitmenschen. Wenn andere nur auch so wären, dachte Max, als er durch die Gänge zu Herrn Spörris Zimmer ging. Warum macht einem die Böuz auch nur das Leben so schwer? Und – er erschrak – was mache ich nun mit ihr? Ich kann sie doch nach dem ganzen Drama nicht einfach in ihrer Wohnung abstellen! Grundsätzlich nicht und erst recht nicht am Heiligabend! Und nachher in der Kirche über Mitmenschlichkeit predigen! Die ja gerade auch den hässigen und unbequemen Leuten gelte. Ich kann sie auch nicht nach Hause nehmen – nur schon ihre körperliche Anwesenheit ist mir zuwider. Und wie soll ich das Vreni und den Kindern zumuten? Die können nun wirklich nichts dafür – und die Kinder haben sich so gefreut. Jetzt macht ihnen dieses Ungeheuer alles kaputt! Das darf nicht sein. Das darf nicht sein. Aber die Predigt? Max, die Predigt?

Als Max bei Otto Spörri anklopfte, lächelte ihm der alte Mann ein wenig traurig entgegen. «Herr Pfarrer, Sie haben mich nicht vergessen, jetzt gibt es doch nicht ganz so trübe Weihnachten, wie ich es schon glaubte!»

Max setzte sich zu ihm an den Tisch und überreichte ihm sein Weihnachtsgeschenk, einen Beutel Tabak. «Das zünde ich heute Abend an, zusammen mit einem Kerzlein», schmunzelte Otto Spörri. «Und wer weiss, es kommt sicher noch die eine oder andere der Schwestern vorbei.»

«Habt ihr denn keine gemeinsame Feier?», wollte Max wissen. «Doch, doch, aber die ist schon vorbei. Viele Leute sind heute eben bei ihrer Familie eingeladen. Da muss man vorher alle zusammenbringen – und es war wirklich schön!»

Es war Max nicht recht, dass er nicht länger bei Otto bleiben konnte. Aber er musste unbedingt weiter. Auch von Fräulein

Luginbühl wurde er mit Freude empfangen. Natürlich wollte sie wissen, was im Dorf geschehe. Und da konnte Max ja nun das Neueste erzählen: «Ich habe Frau Blum im Auto mitgenommen, jetzt wartet sie unten.» Und er erzählte vom Drama vor der Kantonalbank. Durfte er das überhaupt? Aber ja, versicherte er sich, es ist ja in der Öffentlichkeit geschehen …

«Die Ärmste», sagte Fräulein Luginbühl, «und ihr schöner Pelz!»

«Wissen Sie was? Kommen Sie mit mir hinunter und grüssen Sie sie, das würde ihr sicher guttun», sagte Max und kam sich dabei ziemlich scheinheilig vor.

«Aber gerne», stimmte Fräulein Luginbühl zu, sie stand auf, zog die Schürze aus und legte sich einen Wollschal über die Schultern. Unterwegs kamen sie auf die Idee, auch Herrn Spörri mitzunehmen, er war sogar bereit, vorläufig auf sein Pfeifchen zu verzichten. Und so gelangten sie zu dritt zur Notfallstation.

Notfall? Was sie zu sehen bekamen, wirkte ganz anders. Da war immer noch ein weisser Weihnachtsengel mit Flügeln am Kopf, da sass ein alter Herr, ein Senior in feinem Anzug und mit Sonntagskrawatte und mit einem Pflaster am Kinn. Und da thronte Frau Blum, mit Pflastern an den Händen, geschürft im Gesicht, aber glänzend gesalbt und betörend nach Calendula-Crème duftend. Kerzen brannten, aus Gläsern dampfte Tee, und auf einem Teller türmten sich Datteln, Nüsse und Mandarinen. Aber die drei hatten keine Zeit zum Essen. Sie waren vertieft in eine Partie Eile mit Weile.

«Frau Blum», Max räusperte sich, «Frau Blum, ich bin froh, dass es Ihnen so viel besser geht. Aber ich muss Sie nun abholen und nach Hause bringen.» Frau Blum schaute empört auf: «Aber wir sind doch noch gar nicht fertig, ich kann die anderen doch jetzt nicht allein lassen, und ich bin so schön am Gewinnen!» «Vielleicht könnte Fräulein Luginbühl hier für Sie einspringen – und gewinnen», schlug Max vor.

Noch bevor Frau Blum reagieren konnte, meldete sich der weisse Engel: «Herr Pfarrer, ich habe eine Idee: Wir haben es hier so gemütlich. Das hier ist übrigens Herr Pfander, er ist hierher gekommen, weil er sich beim Rasieren geschnitten hat. Aber er sieht doch auch so immer noch sehr elegant aus, nicht wahr? Wenn wir zu viert oder sogar zu fünft sind, können wir viel besser spielen. Darum schlage ich vor: Frau Blum bleibt heute Abend hier. Sie hat sich gut erholt. Wenn es so bleibt, bringe ich sie nach meinem Dienst mit meinem VW heim, wenn es zu unsicher ist, kann sie hier übernachten. Es wäre nicht zu verantworten, dass sie allein bleibt. Ausserdem ist Frau Blums Pelz zwar wieder frisch und wie neu, aber immer noch feucht, er sollte schön langsam trocknen, dieses kostbare Stück!»

Schwester Alma, Sie Engel, dachte Max und gab sich gleichzeitig Mühe, nicht allzu offensichtlich erleichtert auf das Angebot einzugehen: «Wenn Sie meinen, Schwester Alma – und wenn Sie meinen, Frau Blum?» «Ja, das ist gut, danke fürs Hinbringen», sagte Frau Blum knapp und wandte sich wieder ihren Spielfiguren auf der Gewinnstrasse zu. «Und Sie, Fräulein Luginbühl, Herr Spörri und Herr Pfander, sind Sie auch einverstanden?»

Ja, das waren sie alle.

Und so fuhr Max eine Viertelstunde später allein in sein Dorf zurück. Im Auto roch es nach Mottenkugeln, und auf dem Beifahrersitz entdeckte Max ein paar Blutflecken. Macht nichts,

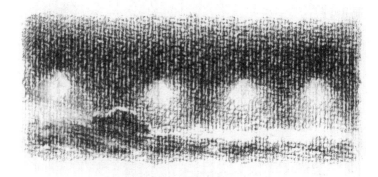

dachte er, ich habe nicht ohne Grund ein pflegeleichtes Auto ausgewählt. Er fuhr glücklich, überglücklich, durch die zunehmende Dämmerung. Hier und dort leuchteten Weihnachtsbäume. «Liebe Schwester Alma, danke», sagte Max laut. Und dann: «Danke, lieber Gott, du hast mir eine Prüfung erspart. Du hast mir ein Wunder geschenkt. Unverdient. Ich werde es nicht vergessen. Auch beim Predigen nicht.»

HEILIGABEND IM KURHOTEL

Der weisse Saab war verschwunden. Eva hatte ihm von einem Fenster der Eingangshalle aus nachgeschaut. Sie war ihrer Freundin Cornelia dankbar, dass sie heute, am 24. Dezember, zu ihr ins Kurhaus gefahren war und ihr ein paar Sachen von zu Hause gebracht hatte – Kleider, mit denen sie sich in diesem distinguierten Hotel sehen lassen konnte, den Kaschmirschal, die Perlenkette ... Im Spital hatte sie das alles nicht gebraucht. Aber jetzt, nachdem sie in diese exzellente Rehaklinik überwiesen worden war, fand Eva es doch angebracht, sich langsam wieder an den alten Stil zu gewöhnen. Sie empfand den Aufenthalt hier als angenehmen Aufschub – wie würde es nachher sein? Wieder allein ...

Auch jetzt, auch hier war sie allein, jetzt, nachdem Cornelia weggefahren war. Es war in diesen Tagen vor Weihnachten im Kurhaus immer stiller geworden. Alle, die es irgendwie einrichten konnten, wollten doch daheim feiern. Eva beobachtete gedankenverloren, wie ein altes Ehepaar zum Parkplatz ging. Der Mann stützte seine Frau liebevoll und half ihr fürsorglich beim Einsteigen ins Auto. Dann holte er das Gepäck, verstaute es im Kofferraum – und schon entfernte sich auch dieses Auto auf der Zufahrtstrasse zwischen den Pappelreihen. Eva konnte sich nicht an den Namen der Frau erinnern, sie hatte bloss zwei-, dreimal mit ihr gesprochen und nie am gleichen Tisch gegessen. Und doch bedauerte sie es jetzt, dass sie nicht mehr da war. Neid?, fragte sie sich. Oder bloss Langeweile? Oder eine Weihnachtsdepression?

«Und Sie? Fahren Sie auch noch weg?» Eine Stimme hinter ihr schreckte Eva auf. Ach, es war dieser sehr spezielle Kurgast; er parkierte seinen Rollator neben Eva und nahm darauf Platz. Er trug einen altmodischen schwarzen Lodenmantel, einen verwegenen Schal und auf dem wirren grauen Haar eine Baskenmütze. Dieser Typ passte so ganz und gar nicht in die gediegene Ambiance des Hotels. Dass man ihn überhaupt aufgenommen hatte! Eva konnte es auch nicht glauben, dass es ein Pfarrer sei, wie im Frühstückszimmer gemunkelt worden war. In ihrer Kirchgemeinde jedenfalls wäre eine solche Figur undenkbar. Da wussten die Amtsträger noch, welches Auftreten man von ihnen erwartete.

«Ich?», antwortete Eva zögernd. «Ob ich wegfahre? Nein, man hat mir empfohlen, bis Mitte Januar hierzubleiben. Und eigentlich macht es mir nichts aus. Zu Hause wäre es ebenso langweilig wie hier. Dort bin ich auch allein.» Und schon bereute sie ihre Antwort. Was ging ihn ihre Situation an? Eva raffte den Kaschmirschal zusammen, verabschiedete sich knapp und suchte ihr Zimmer auf.

Cornelia hatte ihr auch ein paar Magazine gebracht – Lifestyle, Architektur, Mode – und so machte es sich Eva nun auf einem Fauteuil beim Fenster bequem. Über den See zogen

Nebelschwaden, die ersten Lichter blinkten am anderen Ufer in der Dämmerung auf. Wenn sie lesen wollte, musste sie jetzt die Lampe anzünden. Aber sie blieb reglos sitzen und liess sich von der Dunkelheit umfangen. War es traurig? War es schön? Tröstlich? Verheissungsvoll?

Im Spital war Eva zu schwach und zu hilflos gewesen, um sich Gedanken über ihre Zukunft oder auch nur schon über die bevorstehenden Festtage zu machen. Dafür würde der empfohlene Aufenthalt in einer Rehaklinik gut sein. Oder war er gerade schädlich?, fragte sie sich jetzt. Das Nachdenken, das Grübeln, das Suchen nach Orientierung verwirrte und lähmte sie gegenwärtig. Und niemand würde ihr raten können oder wenigsten zuhören wollen. Aber, Eva musste es zugeben, sie wollte ja gar nicht darüber sprechen, nicht über ihre Unsicherheit, nicht über ihre Ängste. Sie wollte zeigen, dass sie immer noch dieselbe war, die sie bis zum Unfall – bis zum Umfallen – dargestellt hatte: eine Frau, die sich vieles leisten konnte, aber auch Schicksalsschläge wegzustecken vermochte. Sie hatte sich nicht kleinkriegen lassen, als ihr Mann sich in eine Jüngere verliebt hatte und ausgezogen war. Sie hatte für ihn, für die Familie, die sie so lange mit Erfolg präsentiert hatten, Stellung und Gesicht bewahrt. Sie war im traditionsreichen Familiengut geblieben, als er, der «Patriarch», sich in ein karibisches Steuerparadies abgesetzt hatte, und es war ihr gelungen, ihre anerkannte Stellung in der Gesellschaft zu bewahren.

Das Telefon läutete. Eva schreckte auf. Es war dunkel im Zimmer, sie war offensichtlich eingenickt. Wie lange hatte sie denn geschlafen? Die Dame vom Empfang meldete sich: Man vermisse Frau Fischer beim Festmahl im Esssaal; ob alles in Ordnung sei? «Aber ja, natürlich, ich komme gleich!»

Eva verzichtete darauf, sich zum Essen umzuziehen, obwohl sie sich darauf gefreut hatte, eines der Kleider zu tragen, die Cornelia ihr gebracht hatte. Als sie in den Esssaal trat, wirkte er leer und trotz der Kerzenbeleuchtung im hinteren Teil etwas abweisend. Man hatte nur die Tische mit Blick auf den See gedeckt und geschmückt. Dort sassen die fünf Freundinnen, die sich jedes Jahr über Weihnachten hier trafen. Auch die beiden ältlichen Schwestern hatte man dort platziert. Sie waren unzertrennlich – und stritten sich offenbar unablässig. Jetzt gerade stocherten sie mit säuerlichen Mienen in den kunstvoll angerichteten Plättchen, die vor ihnen standen. Das war nicht die Tischgesellschaft, die Eva brauchte. Die wenigen andern Gäste hatten sich mit dem Rücken zum Eingang platziert und demonstrierten so, dass sie allein gelassen werden wollten. So setzte sich Eva an einen der wenigen noch freien Tische. Als der Kellner die Menükarte brachte, näherte sich auch der im wahrsten Sinne des Wortes schräge Typ mit dem Rollator. «Bitte, decken Sie doch auch für mich», bat er den Kellner – «natürlich nur, wenn Sie nichts dagegen haben, wenn ich an Ihrem Tisch Platz nehme», fügte er, an Eva gewandt, hinzu. «Ich hoffe es doch sehr!»

O doch, Eva hatte viel dagegen! Aber ihrer Erziehung und ihrer Lebenshaltung entsprechend konnte sie das nicht zugeben. Sie zwang sich zu einem Lächeln und machte eine einladende Geste. Umständlich und mit ziemlicher Anstrengung richtete sich der ungebetene Gast auf dem Stuhl ihr gegenüber ein.

«Wenn ich mich schon so unverfroren an Ihren Tisch eingeladen habe, möchte ich mich doch wenigstens vorstellen», sagte er. «Ich heisse Claude Graber und komme aus Zürich. Wahrscheinlich denken Sie, ich passe nicht in dieses Milieu hier – und damit haben Sie natürlich vollkommen recht.»

«Dann möchte ich Sie doch gleich fragen», sagte Eva gereizt, «wieso Sie denn hier sind – einmal abgesehen von Ihrer Gehbehinderung? Übrigens: Ich heisse Eva Fischer.»

«Freut mich, Frau Fischer. Es ist so: Ich war als Kind oft hier in den Ferien, das Kurhotel gehörte damals meinen Grosseltern, es war allerdings viel bescheidener als heute. Jetzt führt es mein Cousin, und er hat mir diesen Erholungsaufenthalt ermöglicht. Und, Frau Fischer, ich weiss es zu schätzen, dass Sie mich nicht abgewiesen haben, ich wirke hier ja wie ein zugelaufener Landstreicher.»

«So schlimm ist es nun auch wieder nicht, Herr Pfarrer», antwortete Eva, bemüht herzlich.

«Herr Pfarrer? Woher wissen Sie denn das?»

«Auch in diesem Milieu gibt es eben jede Menge Klatsch», meinte Eva süffisant, «aber offenbar stimmt das Gerücht?»

«Nicht ganz», wandte Graber ein, «ich war einmal Pfarrer.»

«Aber das bleibt man doch für immer – ein Gottesmann! Auch nach der Pensionierung», protestierte Eva. Ihre Neugier war geweckt, ihre Distanziertheit am Bröckeln.

«Haben Ihnen denn Herr Klatsch und Fräulein Gerücht nicht noch mehr verraten?», fragte Graber verschmitzt. Sie schüttelte den Kopf: «Eigentlich versuche ich, mich da rauszuhalten.»

«Dann kann ich Ihnen ja meine Geschichte erzählen und muss nicht befürchten, sie werde Allgemeingut. Natürlich nur, wenn Sie wollen!»

Wollte es Eva? Oder doch lieber nicht? War es wiederum ihre Erziehung, dass sie aufmunternd nickte? Oder war es ihre Neugier, die sich in der ständigen Langeweile hier Nahrung beschaffen wollte? Oder war es ganz einfach Anteilnahme? Weil sie den Mann in der abgeschabten Tweedjacke und den Schlabberhosen gar nicht so unsympathisch fand? Einfach ganz anders als die Männer, die sie aus ihrem gewohnten Umfeld kannte.

«Nicht mehr Pfarrer? Wie kam es denn dazu?»

Er wartete ab, bis sich der Kellner, der den ersten Gang serviert hatte, entfernt hatte. Nachdem sie sich zugeprostet und die Vorspeise gekostet hatten, räusperte er sich: «Nun gut, vor zwanzig Jahren war ich Pfarrer in einem anderen Kanton. Die Gemeinde war reich, die Kirchenvorsteherschaft einflussreich. In jenen Zeiten war sich ein Bankdirektor noch nicht zu schade, ein solches Amt zu übernehmen. Ich verdiente gut, ich arbeitete auch gut, intellektuell anspruchsvolle Predigten, eine blühende Jugendarbeit. Ich habe – immer noch, das müssen Sie zugeben – angenehme Umgangsformen. Aber dann verliess mich meine Frau – warum, das tut hier nichts zur Sache – von da an kam alles ins Wanken: meine Stellung, meine Autorität in der Gemeinde, vor allem mein Glaube. Ich nahm Urlaub, reiste nach Indien und hoffte, neu gefestigt an meine alte Stelle zurückzukehren. – Aber, Frau Fischer, ich langweile Sie. Sprechen wir lieber über das Kulturangebot des Hotels. Heute Abend gibt es ja offenbar noch ein gediegenes Festprogramm! Ich merke, ich bin es nicht gewohnt, von mir zu erzählen.»

«Aber jetzt haben Sie angefangen», protestierte Eva, «ich will wissen, wie es weiterging.»

Graber sah sie forschend an. War es ihr wirklich ernst? Und konnte er ihr vertrauen?

«Wissen Sie», sagte Eva, die seine Zurückhaltung spürte, «ich habe auch eine Trennung erlebt. Ich kenne das. Ein unerhörter Einschnitt. Ich blieb zwar an meinem Ort, aber ich bin dennoch eine andere geworden.»

«Nun gut», fuhr Claude fort. «Ich kehrte also zurück in meine Gemeinde. Aber zu der Einsamkeit im Pfarrhaus kamen nun erst recht Gewissenskämpfe. Ich hatte in Indien so viel Armut gesehen, daneben unermesslichen Luxus, die bekannten sozialen Gegensätze. Einige Zeit hatte ich bei Franziskanern gelebt, die für Obdachlose sorgten. Fast wäre ich dort geblieben, aber die Brüder hiessen mich, meine eigene Aufgabe zu finden, in meiner Heimat, in den mir bekannten Strukturen. Und das ist mir leider nicht gelungen. Im Gegenteil. Als ich mich weigerte, Gemeindeweihnacht nach alter Gemeindetradition zu feiern, mit viel Glanz und heiler Welt, da legte man mir nahe zu kündigen. Sie können sich vorstellen, dass ich darum nicht viel Lust auf Weihnachten habe, wo immer ich auch bin ...»

Der Kellner kam, um die Gedecke auszuwechseln. Jetzt standen schön dekorierte Teller mit köstlich duftendem Fleisch vor den beiden. Sie schwiegen und griffen dann lustlos zum Besteck. «Das tut mir leid», sagte Eva schliesslich. «Auch für mich – ich hatte schon gehofft, Sie als Fachmann könnten mir jetzt wenigstens eine Weihnachtspredigt halten, wenn Sie schon meinen Tisch erobert haben.»

«Nein, da ist nichts zu erwarten – Sie sehen einen gescheiterten Gemeindepfarrer und einen verstossenen Ehemann, was soll der mit diesem Christ- und Familienfest?»

«Er hat sich hier zusammengetan mit einer verstossenen Ehefrau und einer inkompetenten Christin», entgegnete Eva. «Vielleicht wäre das eine gute Gelegenheit, Zerbrochenes zurückzulassen und etwas Neues zu erfinden?» Eva erschrak unwillkürlich über ihre Bemerkung, so redete sie sonst nie.

Und schnell fügte sie hinzu: «Verstehen Sie mich recht. Ich habe keinerlei Absichten. Ich will auch keine neue Beziehung. Aber ich stelle hier in dieser Langeweile und Einsamkeit fest: Ich bin am Grübeln – und ich komme nicht vom Fleck. Aus meiner Vergangenheit, aus meiner Ehe, aus meiner Herkunftsfamilie kann ich nichts fruchtbar machen, ich möchte das alles ablegen – wie ein unpassendes Kleid –, aber dann wäre ich ja nackt!» Sie errötete. Claude hörte konzentriert zu, er nickte.

Sie fuhr fort: «Es war immer alles sehr wohlgeordnet, anspruchsvoll, was Dinge und Bequemlichkeiten angeht, aber anspruchslos nach innen – oder wie soll ich das sagen? Dass ich jetzt nicht mehr wirklich dazugehöre, macht mir eigentlich nicht viel aus. Aber ich glaube, es gäbe noch etwas zu finden. Vielleicht können Sie mir helfen? Gerade darum, weil auch Sie sozusagen aus dem gewohnten Rahmen gefallen sind.»

Claude schüttelte den Kopf. «Ich glaube nicht. Oder sagen wir es so: Sie können vielleicht mir helfen.»

Sie schwiegen, ihre Teller hatten sie beiseitegestellt. «Nein, bitte nichts mehr», sagte Eva, als der Kellner erschien. «Ich habe genug.»

«Für mich ist es auch gut so», sagte Claude. Der Kellner räumte ab. Sie blieben sitzen, es war still geworden im Saal. Die anderen Gäste hatten sich zum «Kulturangebot» in den Aufenthaltsraum begeben.

«Und jetzt?», fragte Claude.

«Und jetzt?», antwortete Eva. Und dann nach einer Pause: «Machen wir einen Test! Heute ist ‹Heiligabend›, sagt man. Vielleicht finden ja auch wir etwas Heiliges daran.» Und nach einer Pause fragte sie: «In welche Richtung geht Ihr Zimmer?»

«Auf den See – warum?»

«Gut, wir sehen also das Gleiche.»

Claude betrachtete sein Gegenüber irritiert. «Und?»

«Wir machen ein Experiment!» Eva wunderte sich von neuem – hatte sie je so etwas gesagt, irgendwo vorgeschlagen? Sicher seit 50 Jahren nicht mehr. Was war denn eigentlich anders an diesem «Heiligabend»? Ein erlesenes Essen – das war ihr seit je vertraut. War es diese eigenartige Begegnung?

Sie richtete sich kerzengerade auf, holte tief Luft: «Ich schlage vor, wir gehen jetzt in unsere Zimmer und versuchen herauszufinden, was sich daraus ergibt.»

Claude runzelte die Stirn.

«Wir haben die gleiche Aussicht», fuhr Eva fort. «Auf den dunklen Park, auf den schwarzen See. Vielleicht sieht man ein paar Lichter vom gegenüberliegenden Ufer. Vielleicht hat es Nebel. Wir setzen uns diesem Dunkel vor unserem Fenster aus. Wir schauen, was es mit uns macht, in dieser Nacht, in der so viel von Licht gesprochen wird.» Eva fragte sich, wie sie denn nur auf diese Idee, diese Worte gekommen war. «Wir wollen sehen, wie lange wir es aushalten», fügte sie hinzu.

«Und dann?»

«Dann, wenn der Morgen kommt, treffen wir uns am See. Geht das für Sie mit dem Rollator? Gut – dort vorne also beim Bootssteg. Und dort erzählen wir einander, wie wir es erlebt, was wir herausgefunden haben, wie es war, diese Nacht, dieses Nichts. Ob das, ob Weihnacht für uns etwas bedeuten könnte. Ich für mich, Sie für sich ... Nein», unterbrach sie sich: «Sie für mich, ich für Sie, das ist schwieriger und leichter zugleich. Das, was wir jetzt voneinander wissen, genügt dazu. Vielleicht fällt uns ja überhaupt nichts ein – aber wir können es probieren. Einverstanden?»

Claude schwieg, er betrachtete Eva mit eigenartigem Respekt.

Sie stand auf und legte sich den Kaschmirschal über die Schultern. «Also, einverstanden?»

Claude nickte.

«Dann also: danke für die Gesellschaft und einen überraschenden, einen heiligen Heiligabend! Wir treffen uns in der Morgendämmerung. Warm anziehen!»

KITSCH!

«Und, wie ist es gegangen beim Zahnarzt?» Die Mutter trat
aus der Küche in den Gang, wo Elsbeth und der Vater
gerade ihre Mäntel ablegten. «Gut, sehr gut!», rief Elsbeth und
umarmte freudestrahlend die Mutter. Die Eltern sahen sich
erleichtert an. Sie hatten Schlimmes befürchtet, nachdem der
letzte Zahnarztbesuch so grandios gescheitert war. Damals
wäre allerdings Ruth, die jüngere, dran gewesen. Sie hatte sich
über Zahnschmerzen beklagt, aber als sie dann im Behand-
lungszimmer stand und auf dem ungeheuerlichen Stuhl hätte
Platz nehmen sollen, gab es ein Spektakel sondergleichen. Die
Vierjährige stampfte und brüllte, bis der Zahnarzt kapitulierte
und die Kleine, offensichtlich auch so von den Schmerzen geheilt, aus der Praxis fliehen konnte. Es war zwar anzunehmen
gewesen, dass Elsbeth, die um zwei Jahre Ältere, keine solche
Szene veranstalten würde, aber es erstaunte die Mutter nun
doch, dass sie so glücklich zurückgekommen war.

«Sieh, was ich bekommen habe!», rief sie und wickelte
einen weissen Gegenstand aus einem lila Seidenpapier. Ruth,
die sich dazugedrängt hatte, erkannte sofort, was das war. Und

ihr Entzücken war bedeutend grösser als das der Mutter, die ob dem Anblick zuerst einmal leer schluckte. «Ein Mickimaus», jubelte Ruth. «Spinnst du eigentlich!», gab Elsbeth zurück. «Das ist doch nicht ein Mickimaus, das ist eine Deesiduck! Ist sie nicht schön, Mama?» «Nun, du weisst ja», antwortete die Mutter, «ich kann mit diesen Disney-Figuren nichts anfangen. Das ist für mich Kitsch und verdirbt den Geschmack. Ich würde euch nie so etwas kaufen. Aber ich sah das schon kommen, wir wissen ja, dass die Zahnarztgehilfin als Belohnung für die Kinder diese Gipsfiguren giesst. Die hast du dir ja nun verdient. Da können Papa und ich wohl nichts dagegen haben.»

«Ich will dem Deesi jetzt gleich ein Bett machen. Und darf ich es dann mit Wasserfarben anmalen?» Und schon war Elsbeth ins Kinderzimmer gerannt, Ruth folgte, eifrig und geknickt zugleich. Ob sie Deesi wohl auch einmal in die Hand nehmen durfte?

Elsbeth richtete ihrer Deesi in den nächsten Tagen in einer grossen Schachtel eine ganze Wohnung ein, es hätten gut noch ein paar weitere Familienmitglieder drin Platz gehabt. Deesi fühle sich wirklich sehr allein, berichtete Elsbeth den Eltern, und die wunderten sich nicht, als sich bei Ruth ganz plötzlich wieder Zahnschmerzen meldeten. «Ja, meinst du, du würdest diesmal auf den Stuhl sitzen und den Mund öffnen – und den Zahnarzt bohren lassen?» Ruth nickte mit grosser Überzeugung. Und tatsächlich liess sie sich ein paar Tage später lammfromm vom Zahnarzt untersuchen. «Gut, dass du wieder gekommen bist», sagte der. «Da ist ein Zahn, der würde dir bald sehr weh tun, wenn man ihn jetzt nicht flicken würde.»

Ruth verliess die Praxis triumphierend – mit einer weissen Gipsfigur, einem Goofi, den die Mama sorgfältig in ihrer Handtasche versorgte, eingehüllt in lila Seidenpapier und zusammen mit dem Terminkärtchen für die nächste Behandlung. Dieses zweite Mal beim Zahnarzt verlangte von der Kleinen sehr viel mehr Mut und Durchhaltewillen. Aber es lohnte sich: Diesmal durfte Micki mit nach Hause kommen. Ein grosser Triumph für Ruth – jetzt hatte sie zwei Figuren und die ältere Schwester damit überholt.

Der Zahnarzt blieb in den kommenden Jahren für Ruth ein schlimmer, aber auch ein guter Mann. Dank der weissen Figuren, mit denen sie nach jeder Behandlung belohnt wurde, nahm sie ihm die Schmerzen, die er ihr zufügte, nicht wirklich übel.

Auch Elsbeth hatte mit den Kontrollbesuchen bei ihm eine Anzahl Figuren verdient. Die Gipsfamilie spielte eine wichtige Rolle im Kinderzimmer, unzählige Happenings und Theateraufführungen wurden organisiert, Mama und Papa, das Publikum, nahmen mit gemischten Gefühlen daran teil.

Und dann kam wieder einmal die Adventszeit. Wie jedes Jahr durften die beiden Schwestern beim Auspacken und Aufstellen der hölzernen Krippenfiguren helfen – auch sie waren in Seidenpapier aufbewahrt, und es war eine wunderbare Gelegenheit für die Mädchen, sie bei dieser Gelegenheit auch mit den Händen zu betrachten. Wenn die Figuren dann einmal in der Krippenlandschaft aufgestellt waren, durften sie nicht mehr berührt, sondern nur noch angeschaut werden. Das sei kein Spielzeug, da waren sich die Eltern einig.

Und dabei hätten Elsbeth und Ruth doch so gerne die Weihnachtsgeschichte aufgeführt. Die Engel bei den Hirten und den Schafen auf dem Feld. Und die Könige, wie schön wäre es gewesen, wenn man sie, zusammen mit Kamelen und Elefanten, jeden Tag etwas näher zum Jesuskind hätte führen können.

Zum Glück war die Familie Duck & Co. zum Spielen da. Warum nicht auch zum Weihnachten Spielen? Allerdings musste das diskret geschehen – die Mädchen wussten ja, dass die Eltern den Mickis und Donalds nicht gerade wohlgesinnt waren.

Im Kinderzimmer wurde gebastelt, arrangiert, dekoriert, mit leisen und lauten, hohen und tiefen Stimmen rezitiert und geübt. Ein Geheimnis sei das, erklärten die Schwestern ihrer Mama, die gerne mehr hätte wissen wollen. Es könnte auch eine Überraschung für Weihnachten werden, kündigten sie schliesslich an.

Die Überraschung wurde eingeplant in das Programm für den Heiligabend. Wie immer gab es, nachdem die Eltern die Weihnachtsstube geschmückt hatten, in der Küche beim Licht der vier Adventskerzen Tee und Guetzli. Gemäss der Tradition war der nächste Punkt das Warten vor der Wohnzimmertür, bis der Vater die Kerzen am Weihnachtsbaum angezündet hatte und dann das Glöcklein läutete.

Aber diesmal wurde für den Zwischenhalt vor der Türe mehr Zeit als sonst eingeplant. Elsbeth und Ruth trugen eine Kerze, als sie die Eltern durch den dunklen Gang zur Türe führten. Dort hatten sie etwas unter einem grossen Tuch versteckt. Sie übergaben die Kerzen den Eltern und zogen sorgfältig das Tuch weg. Eine geheimnisvolle Landschaft zeigte sich, die beiden Kerzen wurden dazu gestellt und beleuchteten nun Weiden aus

Moos in verschiedenen Grüntönen, einen Weg aus feinen Kieselsteinen, Farnbäumchen und Föhrenzapfenkakteen, einen kleinen Bach, glänzend wie Silberpapier, ein schiefes Hüttchen – und in dieser Szenerie bunte Figuren. Es war ganz still, die Mädchen hielten den Atem an. Papa und Mama knieten auf dem Fussboden und betrachteten alles von ganz nah. Elsbeth und Ruth beobachteten gespannt und etwas ängstlich ihre Gesichter. Verwunderung war darin zu lesen, und war da nicht auch ein unterdrücktes Lachen? «Frohe Weihnachten, Maria Maus, frohe Weihnachten, Josef Maus!», rief nun der Vater vergnügt. Und die Mutter fiel ein: «Und schau da, ein Engel mit Entenflügeln, und die drei kleinen Hirten, heisst das nicht Entenhausen, wo die her kommen?» «Und die Könige», fiel Ruth eifrig ein, «die Könige, das sind Dagobert, Donald und Goofi, seht, wir haben ihnen Kronen gemacht!»

Elsbeth jedoch konnte noch nicht richtig fröhlich sein: «Seid ihr nicht böse, Mama, Papa, weil das doch Kitsch ist?» Statt einer Antwort, hob der Vater das grosse Brett, auf dem die ganze Krippenlandschaft ausgebreitet war, sorgfältig auf, trug es in die Weihnachtsstube und stellte es unter den Baum. Dann zündete er die Kerzen an und läutete mit dem Glöcklein. Elsbeth und Ruth kamen herein, aber sie hatten keine Augen für die Lichter und Kugeln, auch die Pakete interessierten sie nicht. Wichtig war jetzt nur ihr Werk und was die Eltern dazu meinten. «Seid ihr nicht böse?», fragte Elsbeth noch einmal. «Wir wollten euch ja eine Freude machen!» «Und das ist euch gelungen», sagte Mama und umarmte sie. «Mir gefallen die Gipsfiguren nicht, aber mir gefällt eure Krippe dennoch, mit Maria Maus und Josef Maus und allen anderen. Ihr habt das so schön gemacht. Und ihr habt mit dem, was euch gefällt, die Weihnachtsgeschichte dargestellt, diese Geschichte, die wir alle so gern haben. Darum ist das sehr schön und macht uns Freude, uns beiden, nicht wahr?»

«Ja, und überhaupt», fügte der Vater hinzu: «Weihnachten hat nichts mit richtigem oder falschem Geschmack zu tun. Sie gehört nicht nur jenen, die meinen, recht zu haben. Da merke ich auf einmal: Ich sollte mich ein wenig schämen. An der Krippe hat es Platz für alle möglichen Leute.»

«Also auch für uns!», lachte die Mutter. «Und darum wollen wir jetzt singen. Was schlagt ihr vor?»

ABWEHR DER GÜTIGEN GEISTER

«Nein, meine liebe Simone, du musst dir keine Sorgen machen. Für mich sind die Weihnachtstage nicht so schlimm,
wie es andere Alleinstehende beklagen – und vor allem die Beauf-
sichtiger der Alleinstehenden. Es ist eine Unterstellung, ich habe
es dir schon oft gesagt, aber die mitleidigen Seelen wollen es einfach nicht glauben.» – «Soso, ja, gewiss, aber ich brauche es wirklich nicht. Danke für das Angebot. Und merk es dir jetzt einfach:
Wenn ich himmeltraurigelend bin heute Abend, so ganz allein,
dann bin ich selbst schuld, und es geschieht mir recht. Kannst
du es so besser ertragen, dass deine sture alte Tante deine Hilfs-
bereitschaft verschmäht? Ich möchte jetzt einfach zwei Tage lang
meine Ruhe haben. Und wenn ich tatsächlich den grossen Jam-
mer bekomme – ich weiss, es geht vorbei. Daran stirbt man nicht.
Punktum. Lass mich jetzt einfach schmoren. Ich entbinde dich
von jeder Verantwortung. Und ich werde dich auch nicht enterben!
Also, einen schönen Heiligabend und bis zum nächsten Mal!»

Wie oft muss ich das heute noch erklären? Ich habe nun achtzig
Jahre damit verbracht, herauszufinden, was mir guttut, mir,

meinem Körper, meinem Geist. Zuerst waren es die Eltern, die meinten, sie wüssten es besser. Dann «le fiancé», natürlich immer auch der Chef. Immer diese Kämpfe, damit ich mit meinem Willen respektiert wurde, damit ich mich durchsetzen konnte.

Aber ich habe es geschafft. Nun gut, es hatte seinen Preis: das Alleinsein. Das war nicht immer lustig. Und doch immer wieder lustig ... Sogar jetzt, wo die Bresten zunehmen, weiss ich: Es war es wert.

Ich bin gern allein. Sogar in diesen Tagen. Familie, Freunde, genussvolles Feiern in gemütlichem Rahmen ... betont man diese Werte etwa darum so sehr, weil die eigentlichen Weihnachtswerte heute den meisten nichts mehr bedeuten?

So, und jetzt zeige ich es ihnen. Ich könnte ja einfach überhaupt nicht feiern. Den Abend mit Lesen und meinem Café complet verbringen. Und mit dem Weihnachtskreuzworträtsel. Aber ich will jetzt wirklich feiern. Heiligabend feiern, mit einer wichtigen Person: mit mir selbst. So etwas darf ich gar nicht laut sagen. Das wirkt arrogant auf die lieben Helferseelen. Es ist christlich, zu helfen. Und es ist unchristlich, erst recht an Weihnachten, solche Hilfe zurückzuweisen und sich selbst zu genügen. Simone hat ja vorhin eindeutig verschnupft reagiert.

Warum frage ich eigentlich immer noch nach christlich und unchristlich? Ist das gleichbedeutend mit gut und böse? Ja, warum will ich überhaupt christlich sein? Es wäre eigentlich eine gute Gelegenheit, jetzt, bei meinem Feiern eine Antwort darauf zu finden.

Ja, dieser Heiligabend – er bedeutet mir etwas. Ganz schlicht und einfach und fromm. Auch theologisch, wenn man dem so sagen kann, ich bin ja keine Theologin, vielleicht ist der Ausdruck darum unangebracht. Ich sage also besser: Ich mache mir Gedanken über Vorgegebenes. Annehmen? Oder verwerfen?

Gott wird Mensch. Wird ein kleines sprachloses Kind. Also nichts von Verstand und Argumentieren, nichts von «Theologie». Heisst das, dass sie sich an Weihnachten selbst demontiert hat?

Ich lasse das, die gescheiten Profis würden mich sicher sofort belehren. Wie gut, dass ich allein bin, dass ich meinen Gedanken nachhängen kann. Dass mir niemand widerspricht. Ich habe hier das Privileg, nur mit mir selbst streiten zu müssen. Und darin habe ich ja Übung und Ausdauer.

Ich wäre eigentlich viel lieber einfach fromm. Gefühlvoll fromm: «Schönster Herr Jesus!» Und «O du mein Trost und süsses Hoffen ...» Ob ich dieses Lied wohl noch singen kann? Wenn ich gegessen habe, werde ich es versuchen. Es war der Renner, damals in der Jugendgruppe. Was ist wohl aus den anderen von damals geworden? Sind es jetzt langweilige alte Leute, dankbar am Weihnachtstisch ihrer Kinder? Oder ihrer Nichten und Neffen? Oder spielen sie die grossen Gastgeber mit dem dicken Portemonnaie? Hat es noch Fromme unter ihnen? Oder sind bloss die Toten fromm? Oder nicht einmal sie? Wahrscheinlich könnte ich die Freunde von damals gar nicht mehr ausstehen.

Ist das jetzt eine meditative Einkehr, wie ich sie mir vorgestellt habe? Etwas dürftig, ich gebe es zu. Aber es will mir einfach nicht geraten. Die Mystik hält sich fern von mir. Und dafür meldet sich der Hunger. Gut, ich versuche es nach meinem Festessen nochmals mit der Besinnlichkeit. Jetzt lade ich mich ein zum Festgelage. Meine barmherzige Bekanntschaft wollte ja nicht allein Einsamkeit, sondern auch Mangelernährung verhindern. All die Lebensmittel, die da deponiert wurden: Schinkli und Essigfrüchte, eingemachte süsssaure Zwetschgen, Pastete und Pumpernickel, extra lange haltbar, Stilton-Käse und gesalzene Butter. Wenn ich so mit Vorräten eingedeckt werde, komme ich nicht einmal mehr zum Einkaufen unter die Leute! Das war ja wohl nicht die Absicht der besorgten Angehörigen!

Das Telefon! – Ach nein, ausgerechnet jetzt, wo alles so schön bereitsteht! Soll ich überhaupt abnehmen? Ist vielleicht doch gescheiter. Sonst kommen sie am Ende noch mit der Ambulanz vorbei. Es wird ja nichts kalt.

«Hallo? Aha du, Bruderherz? Wo bist du denn? Hat man über dich verfügt? Sie kommen dich gleich abholen? Reg dich nicht auf – und sag nächstes Jahr nein. Wenn du dann noch lebst. – Wie kommst du drauf, das dürfe ich nicht sagen? Ich sage es ja auch von mir. Ist doch so. Ich wundere mich sowieso jeden Tag darüber, dass ich noch am Leben bin. Und du willst den Beleidigten spielen? Du bist immerhin zwei Jahre älter als ich. Von mir aus darfst du gerne 100 werden. Dann hast du noch 15 gut organisierte, liebevolle Weihnachtsfeste vor dir. Und stell dich darauf ein: Es wird immer irgendwelche schreiende, trotzende, Kunststücke vorführende Kinder dabei haben.

Eigentlich könnte ich dich für nächstes Jahr einladen – wenn wir beide dann noch leben … aber will ich das überhaupt? Es ist so angenehm entspannt, ich mit mir ganz allein. Und deine Jungen würden es sowieso nicht erlauben. Familie – das hat seinen Preis. Also auf Wiederhören. Kopf hoch, und steh's mit Würde durch!»

Der gute Hannes, das war ziemlich frech von mir. Aber er weiss ja nichts anderes. Geschwister dürfen frech sein zueinander. Bei Bekannten, den wohlmeinenden Bekannten, ist das tabu. Am unerträglichsten sind die Wohltäterinnen wie Frau Blösch. – Sie hat ja noch gar nicht angerufen. Ob ich sie wohl mit meinem frechen Maul beleidigt habe? Dass die mir jetzt in den Sinn kommt – bedeutet das etwa, dass ich ihren Anruf vermisse? Brauche ich sie etwa zur Befriedigung meiner Spottlust? Aber die hält sich doch eigentlich in letzter Zeit in Grenzen. Mit zunehmendem Alter werde ich offensichtlich immer verständnisvoller, sogar barmherzig. Das ist so langweilig. Aber immerhin religiös korrekt.

Ist das Jesuskind auch zu den Spöttern gekommen? Zu jenen, die sich über Wichtigtuer, Selbstgerechte und aufgeblasene Besserwisser lustig machen? Nun gut, wenn ich es mir überlege, ist sich über andere lustig machen auch eine Art von Selbstgerechtigkeit. Gut, dass ich bloss ein Selbstgespräch führe, den feierlich Feiernden würde ich damit den Abend versauen. Sie können mir dankbar sein, dass ich abgesagt habe. Ach nein, jetzt kommt doch noch ein Anruf?

«Frau Blösch? Sind Sie denn noch nicht am Feiern? – Was, die Katze? Nein, ich habe Ihre Katze nicht gesehen. Ausgerechnet an Weihnachten ist sie verschwunden? – Natürlich, das verstehe ich gut, dass Sie darum nicht mehr vorbeikommen konnten. Ich gehe ja zum Glück nicht so schnell verloren. Sie müssen sich nicht entschuldigen. Und ich schaue jetzt gleich aus dem Fenster, ob sich die Katze in unserer Strasse herumtreibt. Entschuldigung, ich meine natürlich ‹herumspaziert›! Wenn sie irgendwo auftaucht, melde ich es sofort. Einen frohen Abend kann ich Ihnen unter diesen Bedingungen ja nicht wünschen, aber nehmen Sie es nicht allzu schwer – sie wird Ihnen sicher wieder geschenkt!»

Aber jetzt wird gegessen und getrunken! Zum Wohl, alle meine barmherzigen Gönnerinnen. Diesen Pastetenanschnitt stelle ich für das brave Katzentier auf die Terrasse. Es hat mich so freundlich vor Barmherzigkeitsattacken bewahrt. Den Tieren ist das ganze Feiern zum Glück egal. Die Katzen fangen erbarmungslos Mäuse, wie immer, die Amseln fangen nicht plötzlich zu singen an, weil Heiligabend ist, das kommt nur in den Geschichten vor. Die Kühe müssen auch heute die Krippe gefüllt und das Euter geleert haben. Feiern, Gedenken, Zelebrieren, das können nur Menschen. Wir spüren den Festtag, auch den Sonntag, ich spüre ihn immer noch, auch wenn ich schon so lange nicht mehr arbeite und mich nicht sonntäglich anziehe.

Vielleicht ist diese besondere Stimmung ja auch etwas Heiliges? Vielleicht geht das gar nicht – nicht feiern. Auf jeden Fall will ich es nicht – nicht feiern. Prost ihr alle, ihr Bemühten! Jetzt kommt mein besinnlicher Teil, jetzt wird gesungen. «O du mein Trost und süsses Hoffen»! Und wenn die Blöschkatze auftaucht, hole ich sie an die Wärme, und sie darf zuhören!

WEIHNACHTSBERICHTERSTATTUNG

silvia.regli@hotmail.com
an bruggerm@gmx.ch | 16. Dezember, 17.33 h

Liebe Maja

Nur schnell zu deiner Ergötzung: Wir werden spiessig! Dieses Jahr feiern wir Weihnachten! Wahrscheinlich wie anno dazumal. Bei meiner Mutter nämlich. Sie hat uns ja bis jetzt immer in Ruhe gelassen mit ihren geliebten Traditionen. Aber jetzt ist der Mann meiner Schwester abgehauen, und Mami versucht nun die Verlassene zu trösten. Weil ich mir vorstelle, es könnte für Anita angenehmer sein, wenn sie mit Mami und dem Baby nicht allein ist, habe ich unsere ganze Familie auch angemeldet – für uns ist das eine Abwechslung, und mir gibt es weniger zu tun. In den letzten Jahren war es immer ziemlich anstrengend, wenn ich etwas auf die Beine stellen musste, das alle einigermassen zufriedenstellte. Natürlich werden sie auch jetzt motzen, aber nicht bei mir zu Hause …

Ich bin gespannt, was sich Mami einfallen lässt und wie Bruno und die Kinder darauf reagieren – «klassische Weihnachten» war ihnen bisher fremd. Als kleine Kinder wollten sie das noch, aber jetzt ist's ihnen wohl eher peinlich. Mir ja irgendwie auch. Aber ich tue ein gutes Werk, wie es sich gehört in diesen Tagen, oder nicht?

Gruss
Silvia

Tagebucheintrag von Rosmarie | 20. Dezember

Seitdem die Mädchen verheiratet sind und Hannes gestorben ist, bin ich an Weihnachten immer allein – und eigentlich ganz zufrieden. Das ist nicht bloss ein nachträgliches Gefühl, meine Notizen aus früheren Jahren zeigen es deutlich.
Aber jetzt, dieses Jahr, soll es also anders ablaufen. Und es macht mir Sorgen. Aber was soll ich tun? Ich kann Anita doch in diesen Tagen nicht allein lassen. Das erste Weihnachtsfest, seitdem Eric ausgezogen ist. Sie wäre allein mit dem kleinen Robin. Darum kommen die zwei jetzt also ein paar Tage zu mir. Und als Silvia das vernahm, meldete sie sich gleich auch mit der ganzen Familie an. Warum denn nur? Sie verachtet doch alle «bürgerlichen Traditionen»? Ist es Eifersucht, dass Anita ihr vorgezogen werden könnte? Sie behauptet zwar, es sei geschwisterliche Solidarität … Und es macht sich ja schlecht für eine Mutter, an den guten Absichten ihrer Tochter zu zweifeln. Wahrscheinlich wissen sie nicht recht, wie sie zu Hause feiern wollen – das ist ja vermutlich auch der Grund, warum sie mich nie eingeladen haben.
Nein, eine Freude ist mir diese Familienfeier nicht. Wenn ich an die stillen Tage in den letzten Jahren denke, die Ruhe, die

Nachdenklichkeit, die Ergriffenheit, die sich einstellte und, ja: Freude. Freude über das, was da gefeiert wird. Die Geburt des Herrn! Oder wie auch immer man es benennen will.

Keine Geschenke, keine Verpflichtungen, keine Menüpläne. Aber ich bin Gott begegnet. Es ist einfach so gekommen. Und es war gut.

Wie erhalte ich mir nun das in diesem Jahr? Wie rette ich es hinüber in die neue Situation? Wie kann ich meiner Familie etwas davon weitergeben?

Brief von Anita an ihre Freundin Hanna | 21. Dezember

Liebe Hanna

Wie jedes Jahr mein Weihnachtsbrief, damit du wieder auf dem Laufenden bist. Nur bin ich leider, anders als sonst, nicht weihnächtlich gestimmt. Zu vieles ist anders geworden, seitdem Eric ausgezogen ist – ich nehme an, du hast es erfahren.

In unseren gemeinsamen Jahren hatten wir unsere Weihnachtsfeiern so gestaltet, wie es bei ihm und seiner Familie eben Brauch war. Ich habe mich angepasst, selbstverständlich und freiwillig. Und ich war gefordert als Gastgeberin. Die Schwiegereltern erwarteten Gediegenheit und Stil, und Eric wollte beweisen, dass wir ihnen in nichts nachstehen. Es machte mir durchaus Freude, aber irgendwie entsprach mir dieses Feiern eben doch nicht, es war immer so steif und formell, «comme il faut» eben. Meine Schwiegermutter hat eine Antenne für jede Unstimmigkeit und eine ausgesprochene Begabung dafür, Kritik stilvoll, aber unmissverständlich zu äussern. Weil ich einmal die falschen Gläser aufgestellt hatte, gab es zu meinem Geburtstag im Januar die ultimativ richtigen, so teuer und pompös, dass ich sie nur brauchte, wenn die Schwiegereltern zu Besuch waren – (waren, kann ich jetzt ja sagen ...). Und dann die blasierte Nicole. Jetzt ist sie hoch zufrieden, dass ihr Bruder doch noch eine Bessere gefunden hat.

Wenn ich das so schreibe, denke ich: Warum bin ich eigentlich so traurig? Warum fühle ich mich gedemütigt und nicht befreit? Ich war doch in all den Jahren, die ich im Schwiegerfamilienverband verbracht habe, immer das unbedarfte Anhängsel und gleichzeitig die Profiteurin einer guten Partie! Die Simple, die noch viel zu lernen hatte, die dankbar und dementsprechend anpassungsbereit sein sollte.

Und jetzt, dieses Jahr: andere Festtage. Mit einem Kind – zum ersten Mal mit meinem Kind. Aber ohne seinen Vater. Mit einer Mutter, die gerne Grossmutter sein will. Es beelendet mich. Warum bringe ich es nicht zustande, mich zu freuen?

Ich grüsse dich!
Anita

Bruno auf seinem Blog brunobringts.ch | 24. Dezember, 9.47 h

Sollte ich mir zu Weihnachten mal etwas einfallen lassen? Etwas Originelles? Ist doch eh alles schon gesagt. Oder einfach tun, wie wenn das Fest nicht stattfände? Sind ja nur scheinheilige Traditionen ...

Wie auch immer: Dieses Jahr feiern wir familiär – zusammen mit Schwiegermutter, Schwägerin und dem Babyneffen. Ich habe eingewilligt. Ich kann es ja als ethnologisches For-

schungsprojekt angehen. Und ich werde darüber berichten!
Post festum. Haha!

Gregor auf Facebook | 23. Dezember, 19.16 h

morgen weihnachtsfest bei der grossmutter. wer auch so?

WhatsApp von Natalie
an ihre Freundin Sara | 24. Dezember, 13.55 h

OMG ich muss zur grossmutter. weihnachten feiern. erlöse
mich! spätestens halb neun, damit ich weg kann!!!

Brief von Natalie an Sara | 25. Dezember

Liebe Sara

Da staunst du, ein Brief auf Papier in einem Kuvert aus Papier!
Und dieses Zartgelb! Nur die Marke fehlt, aber ich kann ihn
bei euch in den Briefkasten werfen, dann hast du ihn gleich.

Danke nochmals, dass du mich herausgeholt hast. Ich habe
dir ja erzählt, wie es war. Jetzt habe ich noch das Blatt gelesen,
das im Umschlag von Grossmutti war. Zuerst wollte ich ihn
gleich in den Papierkorb werfen, weil kein Geld drin war. Aber
dann habe ich's doch noch angeschaut. Weisst du, was da steht?
Meine Grossmutter schreibt, Natalie heisse Weihnachtskind.
Ich sei also nah beim richtigen Weihnachtskind, bei dem in der
Krippe. Gott kam mit ihm, schreibt sie. «Darum ist er bei uns,

auch bei dir, meine liebe Natalie. Darum sind wir nie allein.»
OMG – wie fromm sie ist!

Aber eigentlich ein schöner Brief, richtig auf Papier, mit Tinte geschrieben. Wie ein Liebesbrief – aber halt von der Grossmutter! Er hat mich auf die Idee gebracht, dir auch einen Brief zu schicken, einen Freundschaftsbrief auf schönem Papier. Es gehört meiner Mutter, sie hat es vor 100 Jahren zur Konfirmation bekommen, und Grossmutti hat es wieder gefunden und mir gegeben. Wie findest du es?

Liebe Grüsse
Nati

Gregor auf Facebook | 25. Dezember, 16.23 h

war ganz o. k. gar nicht peinlichkomisch. vielleicht etwas schräg. themen: zeit. tod. bei euch?

---

silvia.regli@hotmail.com
an bruggerm@gmx.ch | 26. Dezember, 10.27 h

Wie es war, liebe Maja? Nun eben typisch Mami. Kein normales Weihnachtsfest mit üppigem Essen und Geschenken. Alle erhielten nichts anderes als ein Kuvert. Die Kinder meinten natürlich zuerst, es wäre Geld drin. Sie haben sonst nie etwas von ihrer Grossmutter erhalten – da wir ja total separat «gefeiert» haben. Aber im Kuvert war ein Blatt, auf dem ein Satz stand. Ein frommer Satz. Wahrscheinlich für jeden ein anderer. Ein passender eben, wie Mami fand. Gregor sagte nur: «Cool!» Was stand, weiss ich aber nicht. Für mich? Das möchtest du natürlich gerne wissen. Ich begreife nicht ganz, was es bedeuten soll: «Die Ersten werden die Letzten sein, und die Letzten werden die Ersten sein.» Ich bin ja sonst nicht langsam im Begreifen. Aber das muss ich mir jetzt noch überlegen.

Bis bald!
Silvia

Bruno auf seinem Blog brunobringts.ch | 26. Dezember, 21.50 h

Von wegen Feldforschung im Weihnachtsland. Das war wohl nicht das richtige Terrain. Nichts von Glitzerglitzer und Üppigkeit. Nichts von Fondue chinoise oder Filet im Teig. Dafür: Gschwellti! Und Hobelkäse, nachher Früchte und Nüsse. Brutal, äh: Frugal …

Und alles dehnte sich enorm, ganz viel Zeit, fast nervend viel Zeit. Aber nach und nach wurde es doch ganz entspannt. Von der Schwiegermama gab's für alle einen Merkspruch. Ich muss herausfinden, warum er mich beschäftigt. Post festum.

Brief von Anita an ihre Freundin Hanna | 27. Dezember

Liebe Hanna
Weihnachten ist vorbei. Nachdem ich dir so viel vorgejammert habe, will ich dir doch auch berichten, wie es herausgekommen ist. Nämlich besser, als ich es erwartet hatte. Das war Mamis

Verdienst. Aber vielleicht konnte ich selber auch anders darauf eingehen. Ich glaube, die Enttäuschungen der vergangenen Zeit haben mich verändert. Ich spüre vielleicht besser, wie es jemand meint, auch wenn er oder sie mich immer noch nervt.

Klartext: Meine Mutter nervt. Aber sie rührt mich auch. Sie möchte mich verstehen. Sie hat einen Satz für mich aufgeschrieben: «Gottes Liebe nimmt kein Ende. Sie ist jeden Morgen neu.» Sehr banal. Und ob's stimmt? Aber eigenartig, ich kann mich an diesen Wörtern halten. Ich fühle mich nicht mehr so ausgeliefert und allein. Einfach wegen dieses Satzes? Oder wegen dieser Feier? Komisch. Und wie lange dauert das wohl an?

Ich melde mich wieder!
Herzliche Grüsse
Anita

Tagebucheintrag von Rosmarie | 27. Dezember

Es ist vorbei. Es ist wieder Ruhe eingekehrt. Aber wie das «Fest» angekommen ist? Ich kann es nicht recht sagen.

Gut: Streit gab's nicht. Auch nicht allseitige Verweigerung, einfach die ganz normale der Teenager, aber mit Mass. Auch kein ätzender Spott. Sie haben sich als durchaus gut erzogen gezeigt. Alle.

Was soll ich anbieten?, hatte ich mich immer wieder gefragt. Das Essen, nun gut, das ist eigentlich egal. Was auch immer man aufstellt, es passt sowieso nicht allen. Und niemand kam wegen des Essens. Aber warum denn eigentlich? Weil sie mussten. Weil sie sich verpflichtet fühlten. Weil es nichts Besseres, «Cooleres» im Angebot gab.

Ich habe das gemacht, was ich für mich für richtig hielt. Was ich wollte. Das heisst: Ich wollte ihnen sagen, was mir wichtig ist. Fragen tut mich ja niemand. Also: ungefragt Rechenschaft ablegen. Aber worüber? Was? Wie? Wie wurde ich verstanden?

Geschenke gab es nicht. Das hätte nur abgelenkt. Aber ich habe für alle einen Satz aufgeschrieben, ein Zitat, einen Bibelvers – gar nicht einfach war das – und ihn diskret in einem Umschlag überreicht. Ein Zeichen für das, was mir jedes von ihnen bedeutet. Ich bin gespannt, wie sie es aufnehmen. Ich selbst bin eigentlich zufrieden, das «Hinüberretten» von Weihnachten hat ganz passabel geklappt.

RUSSISCHE WEIHNACHT

«Olga», flüsterte Martin, «Olga, ich bin da!» Er rückte seinen Stuhl näher zum Kopfende des Bettes. Einen Kuss wagte er ihr nicht zu geben, aber er ergriff ihre Hand, sie war heiss und feucht, es war beunruhigend, wie schnell ihr Puls schlug.

Martin kam sich ziemlich deplaziert vor, hier, in diesem engen, nüchternen Spitalzimmer. Welches Recht hatte er, hier zu sein? Olga war seine Freundin, aber das wusste fast niemand. Er hatte es bis jetzt nicht gewagt, seinen Eltern von ihr zu erzählen. Eine Russin? Ausgerechnet! Und eine Sängerin noch dazu!

Nun ja, sie war sogar nicht einmal Sängerin, erst Gesangsstudentin an der Musikhochschule. Beim Singen hatte Martin sie kennengelernt. Dass er in einem Chor sang, hatte bei den Eltern Kopfschütteln ausgelöst. «Warum gehst du nicht Biken? Oder ins Krafttraining? Das würde deiner Figur guttun. Oder komm doch wenigstens mit uns golfen.»

Nun gut, Sport, Freizeit, die Eltern und das Studium – all das war im Moment nicht seine Sorge. Was mit Olga geschah, das trieb ihn um. Er fühlte sich für sie verantwortlich, sie hatte keine Familie hier und kaum Freunde unter den Einheimischen. Martin hatte alles in Bewegung gesetzt, damit sie ins Spital eingeliefert worden war, allerdings reichlich spät. Zu lange hatte sie behauptet, es werde von selbst wieder gut, und sie habe sowieso kein Geld für den Arzt. Erst als Martin ihr klarmachte, dass ihre Stimme auf dem Spiel stand, ihr höchstes Gut, ihr Werkzeug, erst da hatte sie nachgegeben. Jetzt lag sie da in diesem engen Zimmer ohne Sicht, denn der Vorhang neben ihrem Bett versperrte den Blick aus dem Fenster.

Hinter dem Vorhang bewegte sich etwas. Martin wusste, dass dort eine andere Patientin lag. Auch das irritierte ihn – allein mit Olga, und doch nicht allein. Sie bewegte sich unruhig in ihrem Fieberschlaf – und sie kam ihm so fern und fremd vor. Was wusste er denn von ihr? Was empfand er für sie? Wäre es nicht besser, aufzustehen und fortzugehen? Hatte diese Beziehung überhaupt eine Zukunft? Nein, vielleicht später, wenn sie wieder gesund sein würde ... Aber jetzt, jetzt durfte er sie nicht allein lassen, allein, krank, in einem fremden Land.

Und doch, er konnte nicht mehr lange hier bleiben. Es war Heiligabend, und es wäre ihm nicht im Traum in den Sinn gekommen, sich für die Feier zu Hause abzumelden. Man erwartete ihn um sieben Uhr. Dann würde der wohlgeplante Ablauf der unverrückbaren Tradition ihren Anfang nehmen. Apéro mit den besten Amuse-Geules, dann die festliche Tafel und der Geschenkaustausch vor dem opulent geschmückten Weihnachtsbaum. Die Eltern, die Grosseltern, die Tanten würden da sein, alle sorgfältig zurechtgemacht. Wie würde Olga in diese Runde passen? Gewiss, sie hatte ein sicheres Auftreten, auch das lernte man an der Musikhochschule. Aber ihr Charme war so ganz anders als die arrogante Weltläufigkeit von Martins Verwandten. Sie war zu schade für die steife Atmosphäre in seinem Daheim – wenn man da überhaupt von einem Daheim reden konnte.

Olga warf den Kopf hin und her, dann beruhigte sie sich wieder – und auf einmal begann sie zu summen. Es war eine schwermütige, feierliche Melodie. Ein liturgischer Gesang? Martin hörte fasziniert zu. Olgas Stimme wurde immer stärker, sie sang offensichtlich im Fieberschlaf! Und jetzt – was war das? Martin horchte auf: Eine andere Stimme fügte sich in die Melodie. Sie kam von der anderen Seite des Vorhangs. Die Worte waren klar, aber unverständlich, es musste ein russisches Kirchenlied sein. Martin blieb unbeweglich sitzen, gerührt, verzaubert. Die Melodie verklang. Es war lange still im Krankenzimmer.

Endlich stand Martin auf und trat hinter den Vorhang. Im Bett neben dem Fenster lag eine Frau. Babuschka, kam ihm in den Sinn. So stellte er sich die russische Babuschka vor, die Grossmutter, wie Olga ihm ihre eigene Grossmutter beschrieben hatte. Ein rundes, rosiges Gesicht, streng gescheiteltes graues Haar. Ein Zöpfchen fiel ihr über die Schultern. Die Frau lächelte Martin an und sagte: «Wer da?» «Olga», antwortete Martin, «Olga, eine junge Frau aus Russland. Sind Sie auch aus Russland?»

Die Frau nickte. «Verstehen Sie mich?» Sie schüttelte den Kopf: «Nicht sprechen Deutsch. Aber Russisch! Mit Olga!»

«Ja, bitte», sagte Martin, « sprechen Sie mit ihr. Und singen! Gut für sie! Darf ich?», fragte er und zog den Vorhang weg. Er streckte der Kranken die Hand entgegen, sie ergriff sie und schüttelte sie mit erstaunlicher Kraft. Dann beugte sich

Martin über Olga und sagte leise: «Ich gehe nun. Du bist nicht allein!»

Am Weihnachtsmorgen, kurz nach zehn, war Martin schon wieder im Spital. Die Feier zu Hause war verlaufen wie immer, mit prächtigem Baum und Gesprächen über den Geschäftsgang von Papas Firma, die Altersbeschwerden der Grossmama, Grosspapas Jagdhunde und die für den Februar geplante Kreuzfahrt, ein Geburtstagsgeschenk, das der Grossvater der ganzen Familie offerieren wollte. Niemand hatte versucht, Martin ins Gespräch miteinzubeziehen. Und erst recht hatte niemand nach seinem Leben, seinen Unternehmungen gefragt. Früher hatte es Martin gekränkt, dass ihn Eltern und Verwandte kaum beachteten, höchstens kritisierten – wegen seiner Kleidung, seiner Unsportlichkeit, seiner Berufswahl. Ein Akademiker in der Familie, das sei ja schon gut, aber das Familienvermögen hätten die Nicht-Studierten gemacht, und wenn schon, wäre doch ein Jurist oder ein Ökonom von grösserem Nutzen als ein Historiker! Diesmal allerdings war Martin erleichtert, dass niemand Fragen gestellt hatte – ausser dem uninteressierten «Wie geht's?» bei der Begrüssung. Grossmama hatte für einmal sogar auf das obligate «Noch immer keine Freundin?» verzichtet.

Und jetzt war Martin wieder da, bei seiner heimlichen Freundin. Er stand vor der Tür des Krankenzimmers, im Begriff anzuklopfen, als er aufhorchte. Drinnen wurde gesungen, leise, aber kräftig. War es die Babuschka hinter dem Vorhang? Waren es alle beide? Martin klopfte und öffnete die Tür. Der Vorhang war zurückgezogen. Vor dem Fenster schwebten leichte weisse Wolken über einen zartblauen Winterhimmel. Im vorderen Bett sass Olga, bleich, aber aufrecht. Die Frau im anderen Bett hatte sich auf die Bettkante gesetzt und sich Olga zugewandt. Am Fenster stand eine grosse, weissgekleidete Frau, offenbar eine Pflegerin, und alle drei sangen, feierlich, getragen in einer fremden Sprache. Ihre Gesichter strahlten. Olga improvisierte eine Oberstimme, die zwei anderen sangen die Melodie, es musste wiederum ein orthodoxer liturgischer Gesang sein. Nicht aufhören, nur nicht aufhören, dachte Martin. Die Frauen hatten ihn bemerkt, aber sie liessen sich nicht stören. Das ist Weihnachten, dachte Martin. Wenn ich doch dazugehören könnte.

Das Lied war verklungen – niemand rührte sich. Dann zeigte Olga auf Martin und sagte etwas Unverständliches zu den beiden Frauen. Und dann zu Martin: «Das sind Tatjana und Nina. Sie kommen auch aus Russland. Wir feiern russische Weihnachten. Obwohl: Es ist noch zu früh.»

Martin begrüsste Olga und gab dann den beiden Frauen die Hand. Tatjana verstand kein Deutsch. Nina, die Pflegerin, jedoch drückte sich fehlerfrei aus, mit einem starken Akzent. Das Glück dieser drei Frauen war so offensichtlich: Hier, in dem engen Spitalzimmer, hatten sie ein Stück Heimat gefunden.

Während der Weihnachtswoche ging Martin jeden Tag ins Spital. Nina sagte ihm jeweils, wann sie Dienst hatte; wenn ihre Arbeitszeit zu Ende war, kam sie ins Krankenzimmer, und es wurde gesungen. Bald kannte Martin manche der Melodien, und sogar einige der russischen Texte lernte er.

Als Olga am 28. Dezember das Spital verlassen konnte, trafen sie sich weiter in Tatjanas Krankenzimmer. Die Patientin, die jetzt neu da war, freute sich zum Glück über den kleinen Chor und versuchte sogar selbst mitzusingen.

Dann wurde auch Tatjana entlassen. Sie fürchtete sich vor dem Alleinsein in ihrer kleinen Wohnung, aber Olga besuchte sie jeden Tag, sie kochten, assen und sangen gemeinsam. Und am Silvester schmückten sie das kleine Wohnzimmer für eine «Party à la Russe». Nina brachte selbstgemachte Spezialitäten, Martin eine Flasche Wodka. Er hatte seinen Vater darum gebeten, und der war sofort in den Keller gegangen, erfreut darüber, dass sein Sohn nun offensichtlich doch einmal über die Stränge schlagen wollte.

Nein, das Fest überbordete nicht. Aber alle waren vergnügt und zuversichtlich. Sie schmiedeten Pläne. Denn Weihnachten, die russische Weihnacht, würde ja nun erst kommen, am 6. Januar, dem Epiphaniastag. Schnell stand fest, dass sie gemeinsam den Gottesdienst in der russisch-orthodoxen Kirche besuchen würden. «Willst du denn wirklich mitkommen?», fragte Olga Martin. «Meinst du, du hältst das durch? Es geht immerhin vier Stunden, und alles im Stehen! Wann bist du überhaupt das letzte Mal in einer Kirche gewesen? Aber bei euch sitzt und schläft man ja sowieso!» Es war also klar: Martin hatte vor den Russinnen seine Ehre zu verteidigen. Selbstverständlich würde er vier Stunden lang stehen, wichtig war bloss, dass für Tatjana ein Sitzplatz organisiert werden konnte.

Martins Eltern hatten den Jahreswechsel wie jedes Jahr in ihrer Zweitwohnung im Engadin verbracht. Martin war allein gewesen in der grossen Familienvilla, er hatte die Ruhe genossen. Mit den Eltern war nun auch die alte Geschäftigkeit wieder zurückgekehrt. Sie erzählten von ihren Aktivitäten im Kurort und vor allem von den neuen Bekanntschaften, die sie dort gemacht hatten. «Du wirst bald Gelegenheit haben, unsere russischen Freunde kennenzulernen, sie kommen uns an ihrem Weihnachtstag besuchen», kündigten sie an. «Stell dir vor, die feiern nämlich erst morgen, am 6. Januar, und das geht sehr romantisch zu.» «Schön», sagte Martin, ohne seine Irritation zu zeigen: «Du wirst mir dann sicher davon erzählen!» «Was heisst da erzählen?», rief seine Mutter. «Du bist natürlich dabei. Für die Russen ist Familie wichtig, sie wären beleidigt, wenn du nicht da wärst.»

«Tut mir leid, Mama, aber das geht unmöglich.» Martin lächelte gequält. «Ich habe für morgen bereits etwas abgemacht, und das ist Ehrensache.»

«Wie bitte? Martin, du weisst, wir lassen dir viel Freiheit. Aber solange du zu Hause wohnst und von Papas Portemonnaie abhängig bist, haben wir auch das Recht, hin und wieder etwas von dir zu verlangen. Zum Beispiel deine Anwesenheit, wenn wir wichtige neue Freunde eingeladen haben für eine Feier im familiären Rahmen!»

Martin wusste es, jetzt blieb nur noch eins: blanke Grobheit. Er wandte sich zur Tür: «Gute Nacht, ich muss morgen früh weg.» Er rannte aus dem Salon, die Treppe hinauf in sein Zimmer und drehte den Schlüssel. Dann zog er sich aus und versteckte sich unter der Bettdecke wie früher als kleines Kind. Von damals wusste er noch, dass sich nun vor der Türe eine dramatische Szene abspielen würde. Aber: War er nicht erwachsen? Mündig? Durfte er nicht nach seinen eigenen Vorstellungen leben? Seine Eltern nahmen auf ihn ja auch keine Rücksicht.

Nach zehn Minuten war das Gewitter vor der Zimmertür abgeflaut. Die Mutter zog sich in ihre Gemächer zurück. Seltsam: Anders als sonst, fühlte sich Martin sicher und leicht, er hatte nicht einmal ein schlechtes Gewissen. War das etwa darum, weil an anderen Orten andere Menschen für ihn da waren? Er würde sich seine russische Weihnacht nicht durch diesen familiären russischen Salat verderben lassen.

Martin schlief fest und gut. Am Morgen schrieb er einen Zettel und legte ihn auf den Frühstückstisch: «Es wird spät heute. Geniesst den Abend und eure Gäste! Martin»

Nach der Vorlesung ging er in die Bibliothek, aber dort nicht in die gewohnte, sondern in die religionswissenschaftliche Abteilung. Er bestellte orthodoxe Liturgien, begriff aber schnell, dass er mit der kyrillischen Schrift überfordert war. Dann doch lieber YouTube. Da gab es Filme mit Weihnachtsgesängen, mit Weihrauchkübel schwingenden, singenden und schwitzenden Popen und murmelnden oder jubilierenden Gläubigen. Ein pompöses, träges Theater war das. Ich hätte mich besser ganz unvorbereitet auf dieses Schauspiel eingelassen, dachte Martin und verliess die Bibliothek. Und jetzt, was tun? Heim kann ich nicht, sonst muss ich dort bleiben. Aber kann ich denn jetzt überhaupt so ganz unschuldig an diesem heiligen Fest in der Kirche teilnehmen, nachdem ich meine Eltern so sehr enttäuscht habe? Und ist das ganze Schauspiel diesen Machtkampf wert? Was finden Olga und ihre Freundinnen denn überhaupt daran?

Martin ging durch die kalten Strassen, zwischendurch wärmte er sich in einer Beiz mit einem Grog auf. Dann endlich war es Zeit geworden, zum Treffpunkt zu gehen. Olga und er würden vor dem Gottesdienst in einem kleinen russischen Lokal etwas essen, so hatten sie es abgemacht. Denn: «Denk daran, vier Stunden im Stehen!»

Olga sass bereits im Restaurant und strahlte ihn an. Sie war so gesprächig wie nie. «Weisst du», sagte sie, «ich habe mich vor diesem Datum gefürchtet, Heimweh und so. Aber jetzt bin ich so froh. Mit euch zusammen. Mit dir! Ich will dir so gerne zeigen, wie es bei uns ist, und was für mich so wichtig ist.»

Sie hatten sich vorgenommen, rechtzeitig in die Kirche zu gehen. Nora hatte für Tatjana bereits einen Sitzplatz ergattert und wartete jetzt beim Eingang. Alle Bänke waren besetzt. Sie würden sich bei Tatjanas Platz in den Seitengang stellen. Martin staunte, er hatte nicht gewusst, dass es in dieser Stadt so viele orthodoxe Gläubige gab. Aber wahrscheinlich kamen viele von auswärts, und es gab wohl auch manche aus anderen Konfessionen, die hier, wie er, etwas Besonderes erwarteten.

Nun ertönte das gewaltige Glockengeläut; feierlicher Einzug des Klerus, Weihrauch und Gesang ... Die drei Frauen gaben sich voll und ganz in den Gottesdienst hinein, sie sangen, rezitierten und beteten mit Inbrunst, und Martin fühlte sich ganz selbstverständlich mitgenommen auf diese Reise. Noch nie hatte er einen Gottesdienst erlebt, der ihn so sehr berührte, alle seine Sinne waren offen, er war glücklich. Keinen Moment Langeweile, keinen Moment Irritation, er gehörte dazu. Nur die Ikone zu küssen, das war ihm denn doch zu viel.

Die Glocken läuteten von neuem, die Popen schritten in ihrem langen Zug zum Ausgang, die Gläubigen schlossen sich an. Tatjana und Nora wollten noch abwarten, bis sich das Gedränge beim Ausgang etwas gelichtet hatte, sie würden sich alle draussen beim Nebeneingang wieder treffen. Die Menge staute sich vor den Türen, aber es war kein Drängen, keine Ungeduld zu spüren. Plötzlich ergriff Martin Olgas Hand und drückte sie heftig. Olga sah ihn fragend an. «Sieh dort, die zwei Frauen in Pelzmänteln», flüsterte er, «du glaubst es nicht, die links ist meine Mutter. Sie haben daheim russische Gäste, wahrscheinlich ist sie darum hier. Was machen wir jetzt?» Und schon war es für ihn klar: Jetzt musste es sein. War es die kraftvolle und zugleich versöhnliche Stimmung, die der Gottesdienst ausgestrahlt hatte? Er wusste, was er zu tun hatte. «Es gilt ernst, komm», sagte er, nahm Olga bei der Hand und bahnte sich einen Weg durch die Menge. Sie folgten den beiden Frauen durch das Hauptportal der Kirche. Draussen in der kalten Nachtluft atmete Martin tief durch und rief dann, als sie sich mit schnellen Schritten entfernten: «Mama, Mama, warte!» Die Mutter wandte sich um, auch ihre Begleiterin blieb stehen. «Du?», sagte sie ungläubig und musterte dann die junge Frau, die neben ihrem Sohn stand. «Ja», sagte Martin, «wir waren im orthodoxen Weihnachtsgottesdienst – wie ihr offenbar auch. War es nicht wunderbar? Und darf ich dir vorstellen? Das ist Olga, sie ist Russin, und durch sie habe ich diese eindrückliche Liturgie kennen gelernt.» Martins Mutter hatte sich gefasst. Sie streckte Olga die Hand entgegen. «Das trifft sich ja gut, meine Freundin hier, Livia Lukowna, ist auch Russin!»

Es war, wie es sein musste, eine einfache formelle Vorstellung, aber die zwei Frauen, die sich in ihrer Muttersprache begrüssen konnten, freuten sich von Herzen. So sehr, dass Martin und seine Mutter ihre Verlegenheit verloren und einander ganz entspannt zulächelten. «Ihr kommt doch nun auch mit zu unseren lieben Gastgebern», sagte Livia mit einer grosszügigen Geste. «Unsere Männer daheim werden sich sicher auch freuen.» Und sie lächelte so strahlend, dass niemand eine Widerrede gewagt hätte.

Aber Martin schaute seine Mutter fragend an. «Ist es dir ernst?», fragte sie. «Wir haben dich vorhin vermisst, es wäre schön, wenn du mitkommen würdest.» «Und Olga?» «Sie

natürlich auch! Wir wollen doch noch über den Weihnachtsgottesdienst sprechen, er hat mir grossen Eindruck gemacht.
Vielleicht war das genau das Richtige nach unserem Streit?»

«Das habe ich auch schon gedacht», sagte Martin. «Es tut mir
leid. Aber jetzt sind wir auf diese Art wieder zusammengekom-
men!» Martin hatte noch selten ein so mildes Lächeln auf dem
Gesicht seiner Mutter gesehen. «Also kommt, wir gehen heim!»

«Aber», warf nun Olga ein, «aber ...» «Du natürlich auch»,
unterbrach sie Martin schnell. «Aber», begann Olga von neuem, «wir haben doch mit Tatjana und Nina abgemacht ... Die
stehen jetzt vor der Kirche und frieren.» «Ach, natürlich», rief
Martin beschämt. «Wie konnte ich das nur vergessen!» Die
beiden Frauen in den Pelzmänteln schauten ihn fragend an.
«Wir sind nicht allein hier», erklärte Martin. «Da sind noch zwei
andere Russinnen, gute Freundinnen, eine Krankenschwester
und eine Grossmutter, wir haben sie im Spital kennengelernt.»
«Was machen wir jetzt da?», fragte Martins Mama ziemlich
ratlos, währenddem Olga Livia die Geschichte auf Russisch
erklärte. «Was wir jetzt machen?», sagte darauf Livia in ihrem
gebrochenen Deutsch. «Weiter Weihnacht machen, mit noch
zwei Frauen mehr, ist Platz genug!» Martins Mutter lächelte
gequält, aber Livia umarmte sie spontan und sie nickte Martin zu: «Also geh, hol sie! Wir gehen schon einmal voran und
künden euch an.»

Als sie eine halbe Stunde später die Haustür öffnete, standen
allerdings nur Olga und Martin da. «Tatjana war zu müde»,
erklärte Martin, «und Nina hat Frühdienst, aber sie lassen
danken für die Einladung!»

Müde waren sie eigentlich alle, sogar die beiden Männer,
die sich auf weniger geistliche Art, nämlich im Fitnessraum,

unterhalten hatten. Dennoch sassen sie entspannt und heiter vor dem Kamin; eine so zufriedene und gelöste Stimmung hatte Martin in seinem Elternhaus schon lange nicht mehr erlebt. Auf den Wunsch von Livia setzte sich Olga an den Flügel – wann war der das letzte Mal gespielt worden? Noch einmal an diesem Abend erklangen russische Weihnachtslieder – und beim «Stille Nacht» sangen tatsächlich alle mit!

EMANZIPATION EINES
HEIMWEHKINDES

Feierabend! Rolf streckte sich und wischte den Schweiss von der Stirne. Feierabend? Dieses Wort passte eigentlich nicht hierher – zu gemütlich, zu heimelig, heimatlich tönte es. Schichtwechsel – das traf es besser. Und da sah er tatsächlich auch schon seinen Kollegen Tom kommen, der ihn ablösen sollte. Rolf gab ihm die nötigen Informationen und ging dann durch die Hotelanlage, vorbei an den Pools und Tennisplätzen, zu den Bungalows der Angestellten.

Jetzt weg mit den Arbeitskleidern, duschen, den Geruch von gebratenem Fleisch wegschwemmen ... Nachher etwas essen, ein Schwatz mit den Kollegen, auf Spanisch, auf Englisch, aber immer unverbindlich. Und dann vor allem: allein sein, auf dem Abendspaziergang dem Strand entlang, bis dorthin, wo es jetzt, beim Einfallen der Nacht, keine Touristen mehr hatte.

Aber diesmal wurde Rolf enttäuscht. Auf dem Stein, der zu seinem Lieblingsplatz geworden war, sass heute eine junge Frau. Sie schaute unverwandt auf das Meer und beachtete ihn nicht.

Nun gut, er würde noch etwas weiter gehen, beim Zurückkommen würde der Stein bestimmt wieder frei sein, Frauen blieben nicht allein am Strand, wenn es dunkel wurde.

Rolf ging zügig weiter. Er brauchte die Bewegung, und er musste Abstand nehmen von seinem Tagwerk, damit in der Nacht nicht tausend Steaks und gebratene Würste in seinen Träumen auftauchten und ihr fieses Spiel mit ihm trieben. Von morgens zehn bis abends sechs am Grill des Ferienresorts – wenn das sein ehemaliger Chef wüsste, er, der Rolf in die Geheimnisse der Haute Cuisine eingeführt und ihn vor allem Respekt und Sorgfalt für die Nahrungsmittel gelehrt hatte. Warum nur hatte sich Rolf auf dieses Abenteuer in der Karibik eingelassen? Auch die Eltern hatten es gar nicht gerne gesehen. «Ausgerechnet du?», hatte seine Mutter gesagt. «Du warst doch immer ein Heimwehkind.»

Ja, gerade darum, er wollte es ihnen zeigen! Aber jetzt sah er es ein: Er war immer noch ein Heimwehkind. Er telefonierte nur ganz selten mit denen zu Hause, es machte alles nur noch schlimmer. Zwei Monate war er nun hier an diesem «Traumstrand» – der Sommer war gekommen, aber auch die Weihnachtszeit. Kaum vorstellbar.

Es war Nacht geworden. Dieser Sternenhimmel, so etwas gab es in der Schweiz nicht. Ja, dort standen die Sterne jetzt über verschneiten Landschaften, und es war draussen kalt, in der warmen Stube aber urgemütlich. Die Adventskerzen würden angezündet, die Türlein an den Adventskalendern geöffnet und in den Küchen roch es nach Zimtsternen und Mailänderli – nicht nach grillierten Würsten und Steaks.

Natürlich wusste Rolf, dass die Bilder und Gefühle, die in ihm auftauchten, Klischees waren, aber sie passten gut zu seiner Sehnsucht. Plötzlich war da eine Melodie – und schon fielen ihm auch die Worte dazu ein. Es war ein Lied aus dem Weihnachtsspiel, das sie im Dorf aufgeführt hatten. Er summte zuerst, dann sang er leise, er konnte noch alle drei Strophen auswendig: «Das isch de Schtärn vo Betlehem ...»

Das tat gut, aber eigentlich war es doch läppisch: Ein Fünfundzwanzigjähriger steht an einem Sandstrand unter dem Kreuz des Südens und singt ein Kinderlied vom Betlehemstern. Also, zurück, nimm dich zusammen, Alter.

Blöd, die Frau sass immer noch auf seinem Stein. Rolf ging langsam, blieb schliesslich stehen, schaute aufs Meer und hinauf zum Sternenhimmel. Jetzt wird sie sicher weggehen, wenn da ein Mann in der Nähe wartet, dachte er. Wieder stieg die Melodie in ihm hoch. Er begann zu pfeifen, nicht getragen und ernst, wie es dem Lied entsprach, sondern in leichtem, tänzerischem Tempo. Plötzlich brach er ab. Was war denn das? Die Melodie ging weiter. Das konnte kein Echo sein. Da pfiff jemand seine Melodie zu Ende.

Und schon stand Rolf bei dem Mädchen auf dem Stein. Sie lächelte zu ihm empor: «Das chann ich au – de Schtärn vo Betlehem!»

«Bisch au us dr Schwiz?»

Sie nickte. Sie hiess Verena. Sie kam aus einem Dorf in der Ostschweiz und betreute seit einem halben Jahr zusammen mit einem Ehepaar aus der Heilsarmee einen Treffpunkt für Jugendliche. Es waren Burschen und Mädchen aus den Slums der Stadt. Sie lebten zum grossen Teil auf der Strasse oder hatten ständig Streit mit ihren Eltern, berichtete Verena.

Natürlich erzählte auch Rolf von seiner Arbeit, aber dieser eine Abend reichte bei weitem nicht für alles, was die beiden einander gern mitgeteilt und voneinander gewusst hätten. Also kam es zu neuen, diesmal nicht mehr zufälligen Treffen am Strand, und später versprach Rolf, sobald wie möglich Verena und ihre Schützlinge im Treffpunkt zu besuchen.

Und das Heimweh? Es war fast verschwunden. Nur als aus der Schweiz ein Paket eintraf, meldete es sich wieder. Die Mutter hatte von ihren Weihnachtsguetzli geschickt – das Porto überstieg den Materialwert um das Mehrfache –, und wahrscheinlich wäre es für Rolfs Seelenruhe zuträglicher gewesen, sie hätte die Investition bleiben lassen.

Aber die Gefühlsattacke dauerte nicht lange, denn Rolf war jetzt sehr beschäftigt, ganz angekommen in diesem Land, das ihm bis jetzt so fremd und abweisend vorgekommen war. Das Resort widerte ihn zwar noch immer an. Aber das war zur Nebensache geworden. Denn Verena und Rolf hatten jetzt ein Projekt, das sie voll in Anspruch nahm: ein Projekt für den Heiligabend – und dazu waren viele Vorbereitungen nötig.

Verena kündigte ihren Schützlingen eine gemeinsame Feier im Treffpunkt an und erklärte ihnen, was sie zum geplanten Fest beitragen könnten. Und tatsächlich, die Jugendlichen liessen sich mit erstaunlichem Eifer darauf ein.

Der 24. Dezember war gekommen, ein heisser Tag, wie alle andern auch, aber Rolf kam es heute besonders komisch vor. Er hatte frei bekommen und war schon im Treffpunkt, als die Burschen und Mädchen eintrafen, beladen mit Säcken und Taschen. Sie breiteten den Inhalt auf einem Tisch aus, den Verena und Rolf im Hof des Zentrums aufgestellt hatten: viele unterschiedliche Lebensmittel, Süsskartoffeln, Tomaten, Peperoncini, Gurken, Mais, Rüben und alle Arten von wunderbar reifen Früchten. Von allem war nur wenig da, es waren

Esswaren, die die Jugendlichen aus dem Müll gefischt oder bei Händlern abverdient hatten. Nichts war gestohlen. Das war die Abmachung.

Nun musterte Rolf das bunte Angebot. Was liess sich damit machen? Ein Buffet mit vielen Speisen, alle würden von allem nur kosten können, aber es würde genug sein für alle. Auch Rolf hatte etwas mitgebracht: ein paar Fische und Würste zum Grillieren. Und auch er hatte es nicht heimlich abgezweigt; er hatte seinem Chef von seinem Plan erzählt, und der hatte darauf einen tiefen Griff in die Kühltruhe getan.

Und jetzt sollte aus diesen Lebensmitteln ein Festmenü entstehen. Da war einige Arbeit angesagt. Rolf erklärte das Vorgehen und verteilte die Aufgaben. Zum Glück hatte Verena für genügend Schüsseln und Messer gesorgt. Die Burschen stellten sich zuerst etwas ungeschickt an. Aber als sie sahen, wie eifrig und gewandt Rolf hantierte, liessen sie sich vergnügt auf die ungewohnte Tätigkeit ein. Die Mädchen ihrerseits kannten das Handwerk bereits zur Genüge. Allerdings war das, was hier gekocht wurde, von anderer Art als das, was sie in der Küche ihrer Mütter gelernt hatten.

Im Hof brannte ein Feuer. Darüber hing nun ein Topf, und darin simmerte ein Gemisch aus Gemüsen aller Art. Rolf und Verena machten nun vor, wie Salate und Häppchen für den Apéro zubereitet werden sollten. Rolf dachte keinen Moment daran, dass das etwas zu tun haben könnte mit dem gemütlichen Fondue Chinoise zuhause in der warmen Stube.

Nach den Häppchen nahmen alle an den gedeckten Tischen Platz und stiessen mit Cola an. Auch das Leiterehepaar war zu ihnen gestossen, und alle kosteten nun neugierig die Speisen, die sie kreiert hatten. Ja, es schmeckte, und wie!

Man plauderte und lachte, und es dauerte eine Weile, bis Verena nach dem Dessert – einem wunderbar bunten Fruchtsalat – Ruhe zustande brachte. «Heute ist, wie ihr wisst, ein Festtag», sagte sie, «und es ist schön, dass wir hier den Abend zusammen geniessen können. Aber es ist eigentlich ein stilles Fest. Vielleicht gelingt es auch euch, ein paar Augenblicke ruhig zu sein, damit ich euch die Geschichte zu diesem Fest erzählen kann. Und nachher gibt's ja noch eine Überraschung.»

«Halt», rief da Rolf. «Zuerst muss noch der kulinarische Teil würdig abgeschlossen werden!» Er zog eine Büchse hervor, die alte Blechbüchse aus der Küche seiner Mutter, diese Büchse, die eine weite Reise gemacht hatte. Er öffnete sie und gab sie in die Runde, nachdem er die einzelnen Exemplare vorgestellt hatte: «Läckerli! Bruuunsli! Chräbeli! Zimetschtärn!» Im Chor wiederholten die Jungen diese komischen Wörter. Als die Büchse zweimal ringsum gegangen war, blieben gerade noch drei Mailänderli und ein Leckerli, das Teilungswunder hatte wieder funktioniert.

Dann bat Verena von neuem um Stille. Recht schnell mit Erfolg. Es war Nacht geworden, das Feuer flackerte als Glut, eine dicke Kerze brannte, und Verena erzählte die liebe alte Weihnachtsgeschichte. Jetzt kamen Rolf doch noch die Tränen, aber niemand bemerkte es.

Es war nun ganz still. Erwartungsvoll still, irgendwie. Da gab Verena ein Zeichen, die Jungen standen auf und versammelten sich bei ihr am Feuer. Sie stimmte an. Und nun sangen alle, etwas ungelenk in der Aussprache der fremden Worte – und natürlich viel zu schnell, halt mit karibischem Temperament: «Das isch de Schtärn vo Betlehem, mached eu uf und folged dem …»

WEIHNACHTSKREUZFAHRT

Lilli war so dünn wie ihr Name: zwei Strichlein die Arme, zwei Strichlein die Beine. Aber Lilli gefiel sich so. Sie stellte sich nackt vor den Spiegel, fuhr mit den Händen dem Oberkörper entlang, die kleinen Brüste, der Brustkorb, jede Rippe war spürbar, dann die Hüftknochen – diese beiden spitzen Knochen zu spüren gab ihr ein gutes Gefühl. Und das brauchte sie. Sie muss stark sein, Widerstand leisten: gegenüber den besorgten Blicken der Mutter, den Fragen der Lehrerin, beim ernsten Gespräch im Arbeitszimmer des Vaters … Und dann noch Grossmama. Bei jedem Besuch kochte sie Lilli ihre Lieblingsspeisen aus der Kindheit. Unerträglich. Zum Kotzen. Und dabei wäre Grossmama ja so lieb.

Ein Glück, dass ihr dieses Jahr Weihnachten bei der Grossmutter erspart blieb. Die Eltern hatten eine Kreuzfahrt mit der Santa Lucia gebucht. Es sollte ein nachträgliches Geschenk zu Lillis 18. Geburtstag sein, aber Lilli vermutete, es gehe auch um therapeutische Massnahmen. Am 20. Dezember reiste man ab, am 3. Januar würde man wieder zurück sein. Dann wäre wieder Alltag, Gott sei Dank.

Aber jetzt war man auf dem Schiff. Es war der Morgen des 21. Dezembers. Lilli war sehr früh erwacht, es war noch dunkel, und sie fand sich nicht sofort zurecht. Ach ja, natürlich, das war ihre Kabine, sie hatte eine für sich ganz allein, ein Glück war das. Lilli stellte sich wie immer nach dem Aufstehen vor den Spiegel, dann zog sie den Badeanzug an, ihren Morgenmantel darüber und los ging's, aufs Deck. Sie war neugierig, was sie zu sehen bekäme. Irgendeinmal, als sie schon schlief, hatte die Santa Lucia den Hafen verlassen, sie mussten jetzt schon längst auf dem offenen Meer sein.

Niemand war auf dem Deck zu sehen. Lilli stellte sich an die Reling und versuchte, die Dämmerung mit ihren Blicken zu durchdringen. Am Horizont zeigte sich ein heller Streifen, aber das Meer und der Himmel waren noch dunkel, und die Sterne leuchteten über ihr.

Lilli schaute sich um: Perfekt – der Pool war nicht zugedeckt. Sie stellte sich unter die Dusche, ein Kopfsprung, und unter Wasser schwamm sie die ganze Länge. Dann crawlte sie zurück. Fünfzig Längen hatte sie sich vorgenommen, jeden Tag fünfzig Längen. Eine Stoppuhr hatte sie nicht bei sich, aber sie war mit sich zufrieden, als sie aus dem Wasser stieg. Nach dem Duschen rubbelte sie sich ab, sie streckte sich und beobachtete fasziniert das Licht, das die Farben des Meeres weckte. Die aufgehende Sonne warf Funken über die leichten Wellen. Alles war schön, still, friedlich.

«Warum bist du so dünn?» Lilli schrak zusammen. Wer hatte da geredet? Und was hatte diese leise, hohe Stimme gesagt? Hatte sie das richtig verstanden? Sie wandte sich um. Am Ende des Pools stand ein Mädchen, vielleicht zehn oder zwölf Jahre alt – ein kleines und sehr dickes Mädchen. «Warum bist du so dick?», wollte Lilli schon zurückfragen, sagte aber dann: «Was machst du denn hier?» «Ich konnte nicht mehr schlafen. Es geht immer so lange, bis die anderen erwachen», sagte das Mädchen. «Dann hast du jetzt hier den ganzen Platz für dich allein», antwortete Lilli mit einer Ironie, die die Kleine zum Glück nicht verstehen würde. Sie legte sich das Badetuch über die Schultern und verschwand auf der Treppe zum Unterdeck.

Beim Mittagessen fiel ihr die kleine Dicke wieder auf. Sie stand am Buffet und schaufelte die angebotenen «Köstlichkeiten» auf ihren Teller. Für Lilli gab es dieses Wort nur in Anführungszeichen, oder, wenn sie es aussprach, mit verächtlicher Betonung. Dass sie mit den Eltern die Essenszeit verbringen musste, war ihr lästig, sie wäre lieber wieder im Pool geschwommen, währenddem sich die Gäste im Speisesaal die Bäuche vollschlugen. Lilli spiesste nun Gurkenrädchen und Radieschen auf, ein paar Fenchel- und Rüeblidips, winzige Cherry-Tomaten, Knäckebrot und magerer Frischkäse landeten auf ihrem Teller. «Das geht nicht, das ist zu wenig», hörte sie die Mutter hinter sich leise sagen. Lilli verdrehte die Augen und legte noch eine Portion Butter auf den Teller. Die könnte sie ohne Probleme verschwinden lassen.

Von ihrem Platz am Esstisch aus konnte Lilli das kleine Mädchen beobachten. Es sass zwischen seinen Eltern – ein elegantes Paar, zu dem das Dickerchen so gar nicht passen wollte – und stopfte sich voll mit Würstchen, Chips und Mayonnaise. Der Ausdruck auf dem Gesicht der Mutter kam Lilli irgendwie bekannt vor: Missbilligung – bei ihrer eigenen Mutter erschien er als besorgte, bei dieser Frau als hochnäsige Missbilligung. Dort drüben am Tisch: ein kleines Mädchen im Widerstand zu seinen Erziehern – was unterschied es von dem «grossen» Mädchen an ihrem Tisch? Lili musste lachen, und auf einmal war ihr das Dickerchen sympathisch: ein herziges rosa Marzipanschweinchen.

Am nächsten Morgen stand die Kleine bereits neben dem Pool, als Lilli aus ihrer Kabine aufs Deck kam. «Wieder früh erwacht?», fragte sie. «Willst du nicht auch schwimmen?» «Dann merken sie es, dass ich weg war ...» «Wie heisst du denn eigentlich?», frage Lilli. «Gloria», sagte die Kleine, und wiederum musste Lilli auf den Stockzähnen lachen. «Und ich bin Lilli. Du könntest für mich hier am Rand des Pools die Längen zählen. Und – du hast ja eine Uhr – willst du für mich die Zeit messen?»

18 Sekunden für 20 Meter – alle beide waren nach vollbrachter Leistung richtig stolz auf dieses Resultat. Nachdem Lilli sich abgetrocknet hatte, setzten sie sich auf eine Taurolle hinter dem Pool. Wieder ging die Sonne auf, sprühte Funken auf die Wellen und liess das Blau des Meers aufleuchten. Stumm schauten die beiden zu.

Am nächsten Tag erwartete Lilli nichts anderes, als dass Gloria wieder da sein würde, bereits war eine gewisse Vertrautheit entstanden zwischen den beiden. «Ich will dir etwas zeigen», sagte Gloria und führte Lilli auf dem Deck nach vorne, wo zwischen grossen Holztruhen Taue, Stühle, Sonnenschirme aufgestapelt waren. Dort hatte sich Gloria ein Plätzchen eingerichtet, das von aussen nicht wahrzunehmen war. Sie hatte Kissen ausgebreitet und ein grosses Badetuch als Dach ausgespannt. «Das ist mein Häuschen, komm herein», sagte sie stolz. Tatsächlich, es war ein enger, aber bezaubernder Ort. Da sassen sie und betrachteten den Sonnenaufgang und das Wellenspiel.

Auch am nächsten Tag zogen sie sich nach Lillis Schwimm-parcours in das improvisierte Zelt zurück. Diesmal hatten sie Jacken und eine Wolldecke mitgenommen, und so wurde es trotz der Morgenfrische recht gemütlich an diesem abge-schirmten Ort. Es war still. Auf einmal lehnte Gloria ihren Kopf an Lillis Schulter. Lilli schaute sie an. Sie weinte lautlos, Tränen rannen über ihre runden, glänzenden Wangen. Lilli legte ihren Arm um sie. Sie drückte Gloria an sich und spürte die Wärme ihres kleinen, festen Körpers. Jetzt ging das lautlose Weinen in ein Schluchzen über. «Was macht dich denn so traurig?», frag-te Lilli nach einer Weile. «Weihnachten!», stammelte Gloria, «Weihnachten!» «Aber Weihnachten ist doch ein schönes und ein fröhliches Fest!», wandte Lilli ein. «Aber doch nicht hier! Hier ist nichts von Weihnachten.» «Du vermisst also ein rich-tiges Fest?», fragte Lilli. «Ja, ich will Weihnachten bei Gross-mama!» «Erzähl mir doch von Grossmamas Fest. Was gefällt dir denn so besonders daran? Etwa das Essen?»

«Ja, es gibt immer warmen Schinken und Kartoffelsalat. So etwas macht Mama nie, sie spottet darüber und regt sich auf. Aber es ist auch der Weihnachtsbaum, er ist so schön bei Gross-mama, und die Krippe, und die Geschichte, die sie erzählt. Und die Lieder, Grossmama spielt dazu auf dem Klavier!»

All das, was mir auf die Nerven geht, dachte Lilli. Ich würde mich offenbar mit Glorias dämlicher Mutter bestens verstehen. Sie drückte Gloria noch fester an sich. «Und das Weihnachts-programm auf dem Schiff? Gefällt dir das denn nicht?», fragte sie dann. Gloria schüttelte heftig den Kopf. «Es ist langweilig! Und es ist gottlos!» Jetzt staunte Lilli, das hätte sie nicht erwar-tet. Wie kam Gloria zu diesem Wort? Einen Moment lang war es still. «Weisst du was», sagte Lilli dann, «wir können doch ganz

privat Weihnachten feiern, du und ich, hier an diesem Plätzchen. Und mit dem lieben Gott, damit es nicht gottlos ist.» Lilli
wunderte sich selbst über diesen frommen Vorschlag, und Gloria sah sie ungläubig an. «Wie denn?» «Also du weisst: Heute,
am Heiligabend, gibt es ein üppiges Festessen auf dem Schiff.
Du und ich müssen mit den Eltern daran teilnehmen. Daran
gibt es nichts zu rütteln – und du freust dich ja sicher auf die
guten Sachen, die dich erwarten. Aber nach dem Hauptgang sagen wir, wir hätten genug gehabt und gingen zum Verdauen ein
wenig an die frische Luft. Und dann treffen wir uns hier.» «Aber
das glaubt meine Mutter doch nicht, dass ich genug habe –
vor dem Dessert!» «Dann sagst du halt, du würdest ihr das
zu Weihnachten schenken, dass du nicht mehr so viel essen
willst. Das wird sie doch wohl entzücken! Du wirst sehen, sie
wird dich ganz schnell gehen lassen!» Gloria musste lachen,
sie war schon fast überzeugt. «Für mich», fuhr Lilli fort, «für
mich ist es kein Problem. Ich störe die andern nur, wenn ich
am Tisch sitze und nur ein paar Löffel voll hinunterwürge. Das
gibt ihnen ein schlechtes Gewissen in ihrer Völlerei. Also, was
meinst du?» Gloria schnupfte und wischte die Tränen ab: «Ja,
das machen wir, gibst du mir dann ein Zeichen?» «Genau, aber
jetzt muss ich gehen, es gibt viel zu tun, wenn wir heute Abend
privat feiern wollen!»

Tatsächlich: Lilli war an diesem 24. Dezember sehr beschäftigt.
Am Morgen blieb sie in ihrer Kabine, um zu schreiben, wie sie
der Mutter erklärte. Zum Glück hatte sie von zu Hause fes-
tes Papier und Farbstifte mitgenommen, es wäre ja möglich,
dass man sich auf dem Schiff die Zeit mit Zeichnen vertreiben
könnte, hatte sie sich gedacht. Jetzt überlegte sie sich, wie das

gewesen war, damals im Kindergarten, als sie aus Papier Krippenfiguren ausgeschnitten und so zusammengesteckt hatten, dass man sie aufstellen konnte. Nach einigen Versuchen hatte Lilli wieder begriffen, wie es ging, und sie war mit sich sehr zufrieden, als eine bunte heilige Schar vor ihr auf dem Tisch stand. Die Vierbeiner liessen sich sogar als Ochse und Esel erkennen, auch Schäfchen und ein Kamel hatte sie zustande gebracht. Dann suchte Lilli in ihren Kleidern nach passenden Stücken: ein moosgrüner Baumwollschal, eine grünbraune Strumpfhose, ein sandfarbenes Leibchen – und das alles trug sie in das Versteck auf dem Deck.

Am Nachmittag war sie fast ständig auf dem Schiff unterwegs. Sie besichtigte die Dekorationen in den Gängen und Aufenthaltsräumen, ordnete hier und dort ein Adventsgesteck, das danach nicht unbedingt ordentlicher, aber schlichter aussah. Arvenzweige, Föhrenzapfen, Weihnachtskügelchen fanden den Weg in den Beutel, den sie unauffällig mit sich trug. Als das Servierpersonal beim Mittagessen war, begutachtete sie die bereits für das Festmahl gedeckten Tische und kam zum Schluss, ein paar Kerzen weniger würden der Stimmung nur guttun. Schliesslich beschaffte sie sich auch noch zwei Fläschchen blutroten Orangensaft.

Ein paar Stunden später, der erste Teil des Banketts war erstaunlich harmonisch verlaufen, stand Lilli an die Reling gelehnt vor ihrem «Plätzchen». Und da kam auch schon Gloria. «Warte bitte hier», sagte Lilli, «ich muss noch etwas vorbereiten.» Sie schlüpfte ins Versteck, und nach ein paar Augenblicken hörte Gloria draussen ihre Stimme: «Ihr Kinderlein kommet!», sang sie. Und nun beobachtete sie gespannt Glorias Gesicht, als sich diese in den engen Raum zwängte. Gloria kroch näher –

und rührte sich nicht mehr. Da kniete sie vor einer Krippen-
landschaft, die von Teelichtern beleuchtet wurde: Bäume,
Sträucher, Wiesen und darin die ganze Krippenszenerie: «Der
Engel, die Hirten!», rief Gloria entzückt. «Und da, die Krippe,
Josef, Maria, das Kleine – so schön! Und die Könige – was brin-
gen sie denn da? Etwas Glänzendes!» Gloria schaute genau hin:
«Das ist ja eine Flaschenkrone», lachte sie. «Und diese goldenen
Heiligenscheine, ist das Draht von einer Sektflasche?»

Lange betrachteten die beiden still die eigenartige und doch
vertraute Szenerie. Lilli schlug vor: «Wir könnten einander nun
die Geschichte erzählen: Es waren einmal ein Mann und eine
Frau unterwegs mit einem Esel. Die Frau erwartete ein Kind.
Als sie merkten, dass es bald so weit sein würde, suchten sie eine
Unterkunft – und fanden nichts.» «Nur einen Stall», fuhr Gloria
fort. «Und jetzt, pass auf, jetzt kommt das von den Hirten und
wie sie meinen Namen rufen hören!» Lilli lachte und legte ihren
Arm um Glorias Schultern. Abwechselnd erzählten sie weiter,
sie sangen das «Ehre sei Gott» und auch noch «Kommet ihr
Hirten» und «Glo-ooooo-oria»! Und natürlich «O du fröhliche»,
wie es zu der geliebten-ungeliebten Grossmutterfeier gehörte.
Aber dann sagte Lilli: «Jetzt müssen wir schleunigst zurück,
sonst vermissen sie uns, und dann gibt es ein Theater – kein
Krippenspiel.» «Das lassen wir aber hier», schlug Gloria vor,
«dann können wir es morgen nochmals anschauen.»

Als die beiden am Weihnachtstag wieder in ihrem Unter-
schlupf sassen, war es minutenlang wieder andächtig still.
Dann sagte Lilli: «Ich habe einen Vorschlag: Wir könnten uns
auch etwas schenken, etwas ganz Besonderes!» «Was denn?
Sag, was denn?» «Hör zu, Gloria», sagte Lilli, «du und ich, wir
beide haben Probleme mit den Leuten um uns. Du bist für die

deinen zu dick, ich für die meinen zu dünn. Uns beiden würde unsere Figur schon passen, aber ehrlich, sie werden uns nie in Ruhe lassen. Darum packen wir's jetzt selbst an. Und zwar so: Von jetzt an bekomme ich von allem, was du isst, einen Löffel, eine Gabel voll. Du hast dann einen Löffel weniger, ich einen Löffel mehr. Natürlich werde ich das nicht direkt von deinem Teller essen können. Ich werde aber immer von allem einen Löffel mehr essen und dabei an dich denken und dir ‹danke› zurufen. Und du schöpfst von allem einen Löffel weniger, der ist für mich, symbolisch natürlich!» «Und dann nehme ich ab?», wunderte sich Gloria. «Nein, so schnell geht das natürlich nicht, da darfst du dir keine Illusionen machen. Aber wenn du es wirklich tust und dranbleiben willst, ist es der Anfang. Du solltest dich aber auch mehr bewegen. Wenn du merkst, dass es funktioniert, wirst du es immer besser können. Bei mir ist es zwar umgekehrt, aber es geht um das Gleiche: Ich muss etwas ändern, ich habe mich verrannt. Wenn ich daran denke, dass das, was ich essen sollte, wie ein Gruss von dir ist, wird es mir leichter fallen.»

Gloria strahlte: «Ja, das wollen wir tun, ich mache mit!»

«Gut, dann beginnen wir noch heute, hier auf dem Schiff. Dann können wir uns zublinzeln! Und wir gehen in der Woche, die wir noch vor uns haben, jeden Tag miteinander schwimmen, du auch! Und jeden Tag ins Fitness!»

Und so machten sie es. Als das Schiff am Ende der Kreuzfahrt im Ausgangshafen eintraf, standen Lilli und Gloria zusammen an der Reling und beobachteten das Landemanöver. «Und?», fragte Lilli, «Wollen wir weiterfahren? Glaubst du, du schaffst es auch allein?» «Ich möchte ja schon», stotterte Gloria. Der

Abschied von Lilli machte ihr offensichtlich zu schaffen. «Gut, Gloria, und nun mein Vorschlag: Jedes Mal, wenn eine von uns ein Kilo geschafft hat, ruft sie die andere an. Und wenn es fünf Kilos sind, treffen wir uns, damit wir gegenseitig unsere Leistung bewundern können – und damit wir uns überhaupt noch erkennen! Abgemacht?»

«Abgemacht, ich habe ja deine Adresse!»

«Und hier habe ich noch ein Geschenk für uns beide», sagte Lilli. «Das Päcklein hier gibst du mir, und ich gebe dir dieses da. Ganz feierlich! Und jetzt wollen wir es öffnen, aber pass auf, dass es niemand sieht!» Gloria nestelte an ihrem Päckchen, Lilli öffnete das andere. «Ein Löffel!», staunte Gloria. «Ein Löffel», bestätigte Lilli, «einen kleinen für dich und einen grossen für mich – ein Andenken an unsere Weihnachtskreuzfahrt aus der Besteckschublade des Bordrestaurants!»

DER GEBURTSTAG

Samuels Mietwagen rollte auf dem Parkplatz der Autogarage aus. Der Chauffeur des Pannenfahrzeugs löste das Abschleppseil. «So, wie ich es feststellen konnte, ist das Problem nicht schwerwiegend», erklärte er Samuel, «aber eine Reparatur ist heute nicht mehr möglich. Sie werden bis morgen Mittag warten müssen.» «Und einen Ersatzwagen haben Sie nicht?», fragte Samuel. «Ich sollte heute Abend das letzte Flugzeug in die Schweiz nehmen.» «Das müssen Sie vergessen», meinte der Garagist, «wir können weder ein Fahrzeug noch einen Mann entbehren. Aber Sie können hier im Dorf übernachten, dort vorne an der Hauptstrasse hat es ein gutes B&B.»

So nahm denn Samuel sein Gepäck aus dem Kofferraum und ging die Strasse hinunter – durch dieses kleine englische Dorf. Die Nacht war hereingebrochen, es war feucht, kalt und neblig. Magere bunte Lichtgirlanden schmückten die Häuser, hier auf einem Balkon ein leuchtender Elch, dort in einem kargen Schaufenster einsam ein Father Christmas. Und dann kam das Haus mit dem Schild «Bed & Breakfast». Es sah sehr bescheiden aus, fast schäbig und ohne jeden Weihnachtsschmuck. Samuel drückte auf die Klingel. Noch einmal; das Läuten drinnen war jetzt etwas deutlicher zu hören. Dann Schritte. Die Tür öffnete sich. Eine Frau mittleren Alters schaute ihn fragend an, nickte dann, als er ihr sein Anliegen erklärte und liess ihn eintreten.

Er sah einen grossen Raum, einige bequeme Polsterstühle, einen Esstisch, die Vorhänge mit typisch englischem Blumenmuster waren zugezogen; eine Lampe verbreitete ein gemütliches Licht («cosy», würde man das wohl nennen, dachte Samuel). An den Wänden hingen Aquarelle. Es war sehr still hier, und es roch – nach nichts. Die Frau, die sich mit Jane Webster vorgestellt hatte, führte ihn zu einem kleinen Schreibtisch. Darüber hing ein Abreisskalender: 23. Dezember. Ach ja, dachte Samuel, jetzt habe ich fast vergessen, dass morgen Weihnachten ist, wie angenehm. Diese Mrs. Webster verschont mich da offensichtlich vor englischem Kitsch. Er erklärte ihr, dass er wegen einer Autopanne hier sei und morgen möglichst bald ein Flugzeug zurück in die Schweiz nehmen wolle. Und nein, ein Abendessen brauche er nicht mehr, aber, ja gerne, einen Tee. Er sei müde und werde nun versuchen, die Rückreise zu organisieren und dann möglichst bald schlafen. Und für das Frühstück ziehe er «continental» vor, aber bitte mit Tee.

Am nächsten Morgen nahm Samuel ausgeruht und frisch am kleinen Tisch im Empfangszimmer Platz. Und schon brachte Mrs. Webster, die sich Jane nennen liess, ein reich beladenes Tablett – zwischen Konfitüre- und Marmeladetöpfchen, Toastscheiben und Cornflakespackungen brannte auf einem kleinen Kuchen eine Kerze. Samuel schaute Jane erstaunt an, und sie lächelte: «Happy Birthday!» «Warum wissen Sie das denn?» «Das ist doch ganz einfach – Sie haben mir ja Ihren Pass zur Kontrolle gegeben! Es ist wohl nicht unbedingt lustig, ausgerechnet an Weihnachten Geburtstag zu haben – und jetzt erst recht, wo Sie nicht einmal zu Hause sein können!» «O yes, of course», stammelte Samuel. Sein Englisch war zwar nicht schlecht, vor allem, wenn es um geschäftliche und technische Angelegenheiten ging, konnte er sich flüssig verständigen. Aber das hier, das war ihm nun doch irgendwie peinlich. Diese Frau hatte einen wunden Punkt getroffen. «Ja, ich war oft sehr enttäuscht», stotterte er, und es kam ihm ziemlich pathetisch vor.

«Wissen Sie», sagte, Jane, «meine Schwester hatte auch am 24. Dezember Geburtstag. Sie hat sich jedes Jahr darüber beklagt. Jetzt ist sie gestorben, aber ich weiss nie, was mir am 24. wichtiger ist – die Geburt Jesu oder der Geburtstag meiner Schwester.» Samuel schaute sie erstaunt an. «Meine Mutter hat mir schon früh beigebracht, was wichtiger ist – selbstverständlich Mr. Jesus, sorry: the Lord Jesus!» Er lächelte verlegen. «Und das hat Sie traurig gemacht?» «Ja, eigentlich schon, aber das war bei uns nun einmal so. Aber entschuldigen Sie, ich nehme Ihnen Ihre Zeit weg, lassen wir das!» «Überhaupt nicht!», protestierte Jane. «Ich habe alle Zeit der Welt! Und es würde mich interessieren, wie es bei Ihnen war. Gerade wegen meiner Schwester. Aber ich will sie nicht beim Frühstück stören!»

Samuel hatte so sehr das Bedürfnis nach Ruhe gespürt, nach Alleinsein, Verschontwerden von all dem Festtagstrubel. Und jetzt sagte er: «Aber nein, nehmen Sie doch bitte Platz, und trinken Sie mit mir einen Tee!»

Sie holte eine Tasse vom Buffet und schenkte beiden ein. «Ja, ich war traurig», sagte Samuel dann, nachdem er sich einen Toast gestrichen hatte. «Gar nicht wegen der Geschenke – da gab es sowieso nicht viel, auch nicht für die Geschwister. Aber da war immer nur dieser Jesus. Und ich war nichts. Nur dieses heilige Kind zählte.»

«Meine Schwester fragte Mutter einmal, ob sie nicht ein anderes Geburtstagsdatum haben dürfe», sagte Jane.

«Und, war das möglich? Bei uns wäre so etwas nie infrage gekommen. Man nahm es genau mit der Wahrheit. Und mein Geburtsdatum war nun einmal das gleiche wie das des Jesuskinds. Meine Mutter weiss eben bei allem, wie es richtig ist und zu sein hat.»

«Dann hätten Sie jetzt bei Ihrer Familie zu sein?», fragte Jane.

«Ja, natürlich. Ich habe keine eigene Familie, und meine Mutter meint immer noch, über mich bestimmen zu können.»

«Und jetzt sind Sie so weit weg, ausgerechnet am Geburtstag!»

«Am Geburtstag des kleinen Jesus, ja!», Samuel lächelte bitter, aber dann entspannte sich sein Gesicht: «Und ausgerechnet jetzt kann ich meinen eigenen Geburtstag feiern», fügte er an und zeigte auf die brennende Kerze.

«Dann machen wir das aber richtig!», erklärte Jane und stand auf. «Bleiben Sie zum Lunch. Ich stelle eine Flasche Sekt in den Eisschrank!» «Aber nein», wehrte sich Samuel, «Sie müssen mich doch nicht ausgerechnet heute am Hals haben!»

«Wie steht es denn mit Ihrem Rückflug?», fragte Jane.

«Ich habe erst für vier Uhr einen Platz gefunden, es ginge schon, aber ich kann das nicht annehmen.»

«Doch, doch, Sie leisten mir Gesellschaft! Meine Kinder sind bei ihrem Vater und dessen Eltern.»

Als Samuel mit dem reparierten Wagen von der Garage zurückkam, es war halb zwölf, war der Tisch festlich geschmückt –

weisses Tischtuch, schöne Gläser, Silberbesteck, aber nichts von Xmas. Und diesmal roch es, es roch sogar sehr gut. Sie nahmen Platz und stiessen an: auf den Geburtstag! Auf Samuels Geburtstag! Dann servierte Jane ihr Festmahl, kein Weihnachtsmenü, wohlverstanden. Der Braten schmeckte köstlich, die Frites waren goldgelb und knusprig. Und das Gespräch tat Samuel wohl. Da war ein Mensch, der sich für ihn interessierte, der zuhörte, fragte, dieses und jenes wissen wollte. Er erzählte von der Familienfeier – seine Geschwister mit ihren Angehörigen, alle zusammen bei seiner Mutter, die alles bis ins Kleinste plante und nichts einfach geschehen lassen konnte. Sie würde sich fürchterlich aufregen, weil er nun fehlte.

«Ihre Mutter will alles genau nach der Wahrheit machen, haben Sie gesagt», stellte Jane fest.

«Das ist ja ehrenwert», bestätigte Samuel, «aber uns Kindern hat sie damit oft weh getan. Auch jetzt noch.»

«Wenn sie sich an die Wahrheit halten will, braucht sie deswegen noch lange nicht den Geburtstag Jesu gerade am 24. Dezember zu feiern», überlegte Jane, «er ist ja gar nicht dann geboren!»

Samuel sah sie erstaunt, fast erschrocken an. Jane fuhr fort: «Ihre Mutter weiss doch sicher, dass dieses Datum nirgends in der Bibel steht.»

«Das habe ich mir noch gar nie überlegt!», sagte Samuel verblüfft. «Dann hätte *ich* doch eigentlich Vorrang? Bei mir ist es doch immerhin erwiesen, das muss auch meine Mutter zugeben!»

«Das stimmt schon», sagte Jane, «aber glauben Sie, bei Ihrer Mutter da noch etwas ändern zu können?» Samuel zuckte mit den Schultern und fragte dann: «Aber wann hatte denn Jesus wirklich Geburtstag?»

«Wir wissen es nicht», antwortete Jane, «und weil wir es nicht wissen – jeden Tag!» Wieder musterte Samuel Jane erstaunt. Sie fuhr fort: «Jeden Tag, an dem wir tun, was er sich von uns wünscht. Er wird sozusagen in unserem Handeln gefeiert. Auch in unserem Verstehen.»

«Und was heisst das jetzt im Fall meiner Mutter? Was soll ich ihr sagen? Dass sie nicht recht hat? Wäre das im Sinn eines Jesusgeburtstags?»

«Kaum!» Jane lächelte und überlegte. Dann musterte sie Samuel. «Sie sind doch ein erwachsener Mensch, mindestens dreissig. Aber benehmen Sie sich nicht wie ein Kind? Sie trauern immer noch Ihren Kindergeburtstagen nach – das ist verständlich, und dahinter steckt wohl noch mehr. Aber wie lange wollen Sie noch damit weiterfahren? Lassen Sie ab vom Groll gegen Ihre Mutter – sonst werden Sie nie erwachsen!»

Jane zögerte. Es war ihr nicht ganz geheuer – warum mischte sie sich da ein in das Seelenleben eines fremden Schweizers? Aber Samuel schaute sie interessiert und überhaupt nicht beleidigt an. «Und? Was soll ich denn nun tun?», fragte er.

«Wählen Sie für sich einen anderen Geburtstag!», lachte Jane, irgendwie erleichtert. Plötzlich erschien es ihr ganz logisch: «Immer dann ist Ihr Geburtstag, wenn Jesus Geburtstag hat. Sie meinen, das sei der 24. Dezember. Aber jetzt wissen Sie es ja: Es kann an jedem Tag sein. Es hängt von unserm Tun ab. Von unserem Verstehen. Und von unserem Vertrauen.»

Samuel stand auf. «Dann kann es also auch heute sein», sagte er und schaute auf die Uhr. «Ich muss los. Vielleicht reicht es ja doch noch bis heim. Oder mindestens für einen Anruf. Die Rechnung bitte. Und vielen Dank!»